AF322350

PUBLICATIONS DE L'ÉCOLE FRANÇAISE D'EXTRÊME-ORIENT

NOUVELLES RECHERCHES

SUR

LES CHAMS

PAR

Antoine CABATON

ANCIEN ÉLÈVE DIPLÔMÉ DE L'ÉCOLE PRATIQUE DES HAUTES ÉTUDES
ANCIEN MEMBRE DE L'ÉCOLE FRANÇAISE D'EXTRÊME-ORIENT
ATTACHÉ A LA BIBLIOTHÈQUE NATIONALE

PARIS

ERNEST LEROUX, ÉDITEUR

28, RUE BONAPARTE, 28

1901

PUBLICATIONS DE L'ÉCOLE FRANÇAISE D'EXTRÊME-ORIENT

VOLUME II.

NOUVELLES RECHERCHES

SUR

LES CHAMS

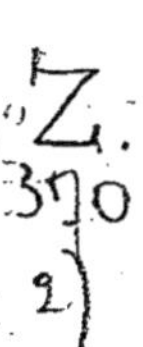

ANGERS. — IMP. ORIENTALE A. BURDIN ET Cⁱᵉ.

A LA MÉMOIRE DE MON PÈRE

NOUVELLES RECHERCHES

SUR

LES CHAMS

ANGERS. — IMP. ORIENTALE A. BURDIN ET Cie.

Temple de Pô Klon Garai à Phan-Rang.

NOUVELLES RECHERCHES

SUR

LES CHAMS

PAR

Antoine CABATON

ANCIEN ÉLÈVE DIPLÔMÉ DE L'ÉCOLE PRATIQUE DES HAUTES ÉTUDES
ANCIEN MEMBRE DE L'ÉCOLE FRANÇAISE D'EXTRÊME-ORIENT
ATTACHÉ A LA BIBLIOTHÈQUE NATIONALE

PARIS

ERNEST LEROUX, ÉDITEUR

28, RUE BONAPARTE, 28

1901

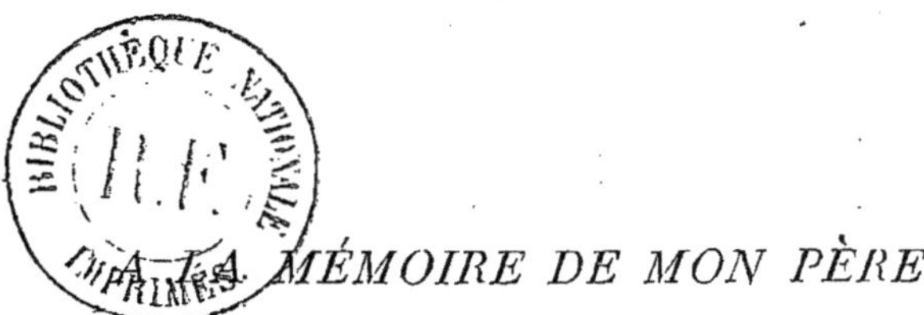

À LA MÉMOIRE DE MON PÈRE

INTRODUCTION

Les travaux épigraphiques, historiques et linguistiques de MM. Aymonier, Barth et Bergaigne ayant trait au royaume de Campā[1] ont de nouveau attiré l'attention sur un ancien

---

1. Prononcez : *Tchampâ*. Ce mot est encore écrit : *Chamba* (Marco Polo), *Champa* (F. J. Barbosa, A. Dalrymple, Frère Jordanus, Târanâtha), *Champâ* (Aymonier), *Choampa* (Camoens), *Ciampa* (Adelung, Marco Polo), *Csiampa* (de la Bissachère), *Cyamba* (Marco Polo), *Dsiampa* (Dr Bastian), *Jampa* (Rashūduddin), *Kiampa* (Lemire), *Tchampâ* (Aymonier), *Tiampa* (Dr Morice), *Tjampa* (Landes), *Tschiampa* (Adelung), *Tsiampa* (de Croizier), *Tsjiampaa* (Rumphius)... etc. — « Sur Campā, dit M. Barth (*Inscr. sanscr. du Cambodge*, 1er fasc., p. 69, note 3), voir le *Marco Polo* du colonel H. Yule, II, p. 212, édit. de 1871. Cet État, qui paraît avoir été assez puissant, puisque Hiouen-Thsang, une quarantaine d'années avant notre inscription [Inscr. de Ang Chumnik, province de Ba-Phnom, Cambodge], l'appelle Mahācampā (St. Julien, *Pèlerins bouddhistes*, I, p. 182 ; III, p. 33), est communément placé le long de la côte, à l'est du delta du Mekong. Ainsi Lassen (*Ind. Alterth.*, I, 2, p. 382) l'identifie avec la province annamite de Bigne-Thouane [Bình-Thuận]. Mais M. Yule a soulevé des objections graves contre l'exactitude de cette détermination pour les temps anciens, notamment en ce qui concerne la situation de la capitale, Campā ou Campāpura, le Çanf [صنف] des Arabes, qu'il pense retrouver aussi dans le Ζάϐαι de Ptolémée. Pour d'excellentes raisons, il la cherche non seulement à l'embouchure du Mekong et de la pointe du Cambodge, mais il croit devoir remonter assez haut dans le golfe de Siam, jusque dans les parages de Kampot, vers 10° 35′ N. et 101° 45′ E. (Voir ses *Notes on the Oldest Records of the sea-route to China from Western Asia*, dans les *Proceedings of the Royal Geograph. Soc. and Monthly Record of Geography*, novembre 1882, p. 8 et 9 de tirage à part). Cette détermination s'accorderait bien avec le témoignage de notre

1

État de l'Extrême-Orient, à peu près oublié depuis sa chute, et dont Marco Polo vantait les institutions, la puissance et les richesses.

Dispersés maintenant en Annam, au Cambodge et sur quelques points du Siam[1] où ils ont été emmenés en captivité, les restes du peuple Cham[2] sont dans un tel état de décadence que leur disparition, en dépit de tous les efforts, peut être considérée comme très prochaine.

L'étude de la langue, l'examen anthropologique, les traditions populaires et les monuments montrent bien que les Chams sont des Malais venus de Java ayant reçu de l'Inde leur civilisation, leurs arts et leur religion primitive. « Mais quelle est leur aire d'occupation? On compte généra-

---

inscription XVIII, B, qui provient d'Angkor et pour qui Campā fait partie du Dakshiṇāpatha, de la contrée méridionale. Mais la capitale de cet Etat rival du Cambodge serait ainsi bien proche de cette province de Trêang où nous avons trouvé des inscriptions (II et VIII) aux noms de Bhavavarman et d'Içānavarman. Il est vrai qu'en 627, c'est-à-dire à une date qui ne saurait être bien éloignée de celle de l'inscription II, le roi du Cambodge, d'après les Annales chinoises (*Nouveaux Mélanges asiatiques*, I, p. 84; cf. 77 et 90), aurait conquis le royaume de Fu-nan [扶 南] et que M. Yule est d'accord avec Fr. Garnier pour identifier cette dernière contrée avec Campā. Abel Rémusat (*Nouveaux Mélanges asiatiques*, I, p. 75 et 77) l'identifie avec le Tonkin, et St. Julien (*Journal asiatique*, 4ᵉ série, X, p. 97) avec Siam. Il y a là encore bien des points obscurs. Pour le nom de Campā, qui est en sanscrit celui d'un arbuste et d'une fleur [*Michelia Champaka*, Linn.], on sait qu'il revient fréquemment dans la géographie de l'Inde propre, notamment comme celui de l'ancienne capitale des *Angas*, dans le Bengal septentrional. »

1. Près de Bangkok, de Chantaboum et de Battambang.

2. Prononcez : *Tiame*. J'ai conservé l'orthographe généralement admise en Indo-Chine, où le *ch* du quôc ngữ (litt. *langage vulgaire*), ou transcription des Missionnaires pour l'annamite, a presque le son de *ti* dans *tiare*. — Autres graphies du mot *cham* : *chăm*, *chăm* (Missionnaires), *kiam* (Lemire), *tchame* (Aymonier), *thiăme* (Mouhot), *tiane* (Dʳ Morice), *tjame* (Landes), *tscham* (K. Himly), *tsiam* (Zaborowski), etc.

lement comme établissements chams le groupe du Bình-
Thuận et une sorte de chapelet de petites communautés
égrenées à travers la Cochinchine et le Cambodge jusqu'au
Siam. Or, c'est là une vue singulièrement incomplète. Au
pied du versant oriental de la chaîne annamitique, et débor-
dant même sur le versant opposé, se trouvent des populations
nombreuses, qui peuvent être chames, qui en tout cas, ont
reçu une forte empreinte chame ; ce fait parfaitement cons-
taté met en question tout le schéma ethnographique de
l'Indo-Chine orientale. Jusqu'où s'étend cette zone de race
ou d'influence chame ? Est-elle contiguë à la zone khmère
ou, comme certaines observations le laissent supposer, en
est-elle séparée par une zone intermédiaire de races différentes ? Il serait bien hasardeux de donner aujourd'hui une
réponse à ces questions[1]. » On peut espérer avec M. Finot
qu'elles seront prochainement éclairées d'une lumière nouvelle, grâce à une exploration linguistique et ethnographique
de la presqu'île Indo-Chinoise. Alors pourra être déterminée,
de façon plus rigoureuse, la curieuse histoire de ce peuple,
autrefois grand, qui reçut la double empreinte religieuse de
l'Inde et de l'Arabie, et dont les misérables débris glissent,
aujourd'hui, à l'heure même de leur entrée historique dans
le monde occidental, à une paisible barbarie entre deux civi-
lisations subies sans tendresse.

RELIGIONS. — On sait que deux religions se partagent
maintenant les pays occupés par les Chams : 1° l'Islamisme,
dont les sectateurs se donnent le nom de Chams banis[2] « fils

---

1. Louis Finot, *École française d'Extrême-Orient (Mission archéologique d'Indo-Chine). Rapport à M. le Gouverneur général
sur les travaux de la Mission archéologique d'Indo-Chine pendant
l'année 1899* (Hanoï, le 1ᵉʳ février 1900). — (Saïgon, Impr. coloniale). In-4, p. 6.

2. Arabe بني bani « les fils », au cas oblique, pluriel fréquent

[de la religion] ou de Chams açalam[1] « Chams de l'Islam »;
2° un Brâhmanisme çivaïte corrompu, pratiqué par les Chams
jât[2] « Chams de race » ou Chams kaphirs ou akaphirs[3] « In-
fidèles », descendants des anciens Chams qui n'ont pas voulu
accepter la religion de Mahomet.

Islamisme. — L'islamisme (chîite ?[4]) que professent en
Annam les Chams banis, sans contact avec leurs coreligionnaires, est rempli de pratiques païennes. Leurs imams, non
seulement ne comprennent plus l'arabe, mais en ont presque
oublié la lecture ; ils se bornent à apprendre par cœur et à
répéter, en prononçant à la malaise, les sourates « que leurs
ancêtres ont récitées »[5]. Le jeûne du mois de ramadhan[6],
en cham ramvön, bulan ök « mois du jeûne », n'est observé

en arabe vulgaire pour بَنُون banūn, pluriel de اِبْن ibn « fils ».

1. Açalam, de l'arabe : اسلام islam « islamisme », « résignation
à la volonté de Dieu ».

2. Jât, du sanscrit jâti « race ».

3. Kaphir, de l'arabe كافر kāfir « infidèle, incrédule ». Les
Chams brâhmanistes ont complètement oublié le sens de ce mot
par lequel ils se désignent habituellement.

4. Les Chîites (شيعة parti, secte) rejettent les traditions ad-
mises par les Sunnites (سنة tradition [relative à Mahomet]), ils
sont les partisans exclusifs d'Ali, gendre du Prophète. On les appelle encore *Métoualis* « adhérents d'Ali » ou *'Adelyat* « partisans de la justice ». Les Persans et les musulmans de l'Inde sont
Chîites.

5. Elles se réduisent le plus souvent à la récitation répétée de
la فاتحة الكتاب fātiḥat el-kitāb « introduction, exorde du Livre »,
premier chapitre du Coran. Son importance est telle au yeux des
musulmans qu'ils lui donnent encore les noms de « Chapitre suf-
fisant » ou « Mère du Livre ».

6. « La lune de Ramadhan, dans laquelle le Koran est descendu
d'en haut pour servir de direction aux hommes... c'est le temps
qu'il faut jeûner » (*Cor.*, ii, 181).

què pendant trois jours ; les ablutions[1] sont très négligées et ceux qui les font se bornent à creuser un trou dans le sable et à faire le geste de puiser l'eau nécessaire[2] ; les cinq prières quotidiennes[3] sont rarement dites ; la circoncision même n'est chez eux qu'une cérémonie purement symbolique[4].

Les rares exemplaires du Coran sont fort incorrects, mal écrits, le texte en est interrompu fréquemment par des indications liturgiques en cham ou même des formules étrangères à l'Islam. Le mot Coran n'est guère connu au Bình-Thuận ; le livre sacré reçoit quantité de noms dont voici les principaux : Tapuk açalam « Livre de l'islam », Tapuk Mahamat ou Tapuk nöbi Mahamat[5] « Livre du prophète Mahomet », Kitab elhamdu[6] « Livre de la louange », Ṣakarai, mot

1. « O croyants ! quand vous vous disposerez à faire la prière, lavez-vous le visage et les mains jusqu'au coude; essuyez-vous la tête et les pieds jusqu'aux talons » (*Cor.*, v, 8).

2. Ce n'est même pas l'ablution avec de la poussière dite تيمّم teyammam, recommandée par le Prophète quand on manque d'eau (*Cor.*, iv, 49; v, 9).

3. « Observez avec soin les heures des prières... » (*Cor.*, ii, 239).

4. En cham kātan, arabe خِتان khitān. Le Coran ne parle pas de cette opération que les Arabes subissent vers l'âge de sept ans. Les Chams Banis du Bình-Thuận, se rapprochant en cela des Persans qui ne circoncisent leurs fils que fort tard, présentent, vêtus d'un habit neuf, les jeunes gens qui ont atteint l'âge de quinze ans au Pô gru (= gûru) ou chef des imams, pour être initiés. Le Pô gru, tout en récitant quelques versets du Coran, se borne à faire le geste de circoncire les jeunes hommes avec un couteau de bois. La cérémonie se termine par un festin offert aux imams et aux habitants du village par la famille des nouveaux initiés.

5. محمّد نبي nabi Mohammed. Tapuk, en cham, « livre, traité ».

6. Les Chams banis ne récitant guère que la fātihat, on n'est pas surpris de voir qu'un autre nom de ce chapitre, سورة الحمد surat el-hamd « chapitre de la louange », ait été appliqué par métonymie au Coran tout entier.

qui désigne également les livres magiques ou divinatoires [1].

De l'aveu même de deux hājis malais [2] de Chau-doc [3] venus au Bình-Thuận pour ramener leurs coreligionnaires aux vrais principes, il paraît impossible de ranimer une foi éteinte chez ces musulmans, dépourvus de tout zèle religieux, dont la résolution bien arrêtée est de s'en tenir à leurs errements traditionnels. Comme leurs frères brâhmanistes, les Banis en viendront bientôt à la seule récitation de formules de plus en plus écourtées, abandonnant franchement toutes les pratiques gênantes.

Au Cambodge, les Chams, tous mahométans, n'emploient pas l'expression Bani pour se désigner, le nom de race est seul usité. Sans être de chauds partisans de l'Islam, les Chams du Cambodge, en relations permanentes avec les Malais qui habitent les rives du Bas-Mékong, ont subi leur influence. Ces Chams se décident même à s'embarquer pour la Mecque, comme on a pu le voir à Phnôm-Penh en décembre 1899, où plusieurs d'entre eux sont partis, en compagnie de Malais et d'Hindous, pour accomplir ce pèlerinage que tout

---

1. De l'arabe (par l'intermédiaire du malais) : سَحَر saḥar « ensorceler »; سَحَّار saḥḥār « sorcier ». Étymologie populaire de Çakarāja?

2. حَجّ ḥājj « pèlerin », « qui a accompli le pèlerinage de la Mecque ».

3. Ou Châu-đôc (*pron.* tiâo doc), ville de 30.000 habitants, sur le Bassac, branche du Mékong. Chef-lieu de la province du même nom, dans la Basse-Cochinchine, à 220 kil. de Saïgon. Des Chams fortement dégénérés y vivent au sein de la population indigène annamite et cambodgienne. Ils se mêlent aux Malais musulmans et constituent la population des villages de Chau-Giang, Phum-Soai, Kattambang (canton d'An-Lương); Ka-Côi, Ka-Kôki, Lamov, Sbaû (canton de Châu-Phu). Les Chams venus s'établir à Châu-đôc sur les bords du fleuve ont à peu près désappris leur langue et c'est à peine si quelques vieillards savent encore la parler.

bon musulman doit faire au moins une fois dans sa vie[1]. Ce
ne sont là que des faits isolés, les Chams du Cambodge sont
hors d'état de causer à notre gouvernement les embarras que
les musulmans de Java créent par leur fanatisme à leurs
maîtres européens[2].

Brâhmanisme. — L'autre religion des Chams, pratiquée
exclusivement en Annam, est un brâhmanisme çivaïte mêlé à
des éléments divers. Son étude permettra d'établir nettement
la part qui revient à l'hindouisme dans la religion de ces Chams
qui se donnent, comme on l'a vu, le nom de Jāt ou Kaphirs,
quand la langue religieuse remplie d'expressions sanscrites,
lettre morte pour les prêtres et les indigènes, sera bien connue. Les prêtres invitent d'ailleurs volontiers les étrangers aux
cérémonies de leur culte et seraient de précieux auxiliaires
si toute leur science ne se réduisait à lire à grand'peine les
prières rituelles et à suivre scrupuleusement des observances
dont ils ne comprennent pas le sens. Ces prêtres, et tous les
Chams d'aujourd'hui, ont complètement perdu le souvenir
de la civilisation et jusqu'au nom de l'Inde ; les dieux hindous
des monuments ne représentent à leurs yeux que les images
de leurs anciens rois ; leur culte, quoique çivaïte, est si fortement imprégné de pratiques qui se retrouvent chez les
peuplades autochtones de l'Indo-Chine et dans la religion sino-
annamite, que le nom de Çiva, souvent prononcé au commencement des prières, leur est absolument étranger. L'adoration

1. *Cor.*, ii, 153, 154, 192, 193 ; iii, 91 ; v, 2, 95, 96 ; xxii, 25.
2. Il y a à Java 12 à 15.000 Arabes de l'Yémen dont les intérêts
sont défendus par un consul ottoman en résidence à Batavia. Les
Hollandais surveillent de près ces Arabes qui sont d'ardents
propagateurs de leur foi. — Sur les intrigues du consul turc à
Batavia, voyez Van Oordt, *De Nederlansche Koopman in de lan-
den van den Islam*, Leide, 1899, n° 34 ; la *Vossische Zeitung* d'Amsterdam, n° 419 du 8 septembre 1898 ; et surtout l'article *Islam
und Arabisch* dans Martin Hartmann : *Der islamische Orient*, Berlin, Wolf Peiser, 1899, in-8°.

de Çiva sous forme de liṅga était pourtant le substratum de
la religion chame, mais, dans le cours des siècles, les noms
des rois, qui lui élevèrent autrefois des temples ou qui encou-
ragèrent son culte, survécurent seuls et finirent par remplacer
définitivement le nom du dieu de la religion primitive[1]. Il
semble même que les légendes religieuses des Chams s'effa-
cent aussi. Selon toute apparence, le temps est peu éloigné
où leur religion deviendra purement rituelle.

Les légendes chames, dans leur état actuel, ne peuvent
guère servir à l'instruction religieuse des Chams et encore
moins permettre d'y rechercher des traits propres à identifier les dieux, ou plutôt les rois divinisés chams, à ceux
du panthéon hindou. C'est donc ailleurs qu'il faut porter les
investigations.

Le culte cham, pour si corrompu qu'il soit, se rattache
étroitement au brâhmanisme; les rites sacrés nous dévoile-
ront peut-être ce que les légendes ne peuvent nous faire
apercevoir. Un exposé des survivances de l'hindouisme, d'un
caractère très précis, viendra à l'appui de ce que nous avan-
çons.

Citons au hasard : l'adoration du liṅga et de Nandi[2], les
bains de purification, le rinçage de la bouche après le sacrifice, l'initiation religieuse « qui est une nouvelle naissance »,
l'habitude d'appliquer une feuille d'or sur la bouche des
morts « pour leur assurer l'immortalité »[3], l'emploi du chapelet, de l'herbe kuça[4] (en cham ralaṅ[5]), et de la conque sacrée

---

1. *Inscriptions sanscrites de Campâ et du Cambodge*, 2ᵉ fascicule, p. 20. Il en était de même au Cambodge.

2. Le taureau blanc de Çiva; les Chams l'appellent Kapila « le
roux » ⚌ la vache (en sanscrit).

3. « L'or est la réalité », il est le seul vrai métal, et à ce titre il
est aussi l'immortalité, la seule vie réelle... (S. Lévi, *La Doctrine
du sacrifice dans les Brâhmaṇas*, p. 164).

4. *Poa cynosuroides*, LINN.

5. *Saccharum spicatum*, LINN.

aux cérémonies, les oblations au feu, l'horreur des fautes rituelles, la coutume d'inviter les dieux individuellement à venir consommer les offrandes, la cabane de feuillage qui représente la maison du sacrifiant, le nord-est considéré comme la région sacrée, les mantras qui accompagnent les rites, les noms donnés aux prêtres qui sont comme un reflet de la religion védique[1], le geste rituel qui consiste à réciter une invocation à Çiva — incomprise du reste — en touchant les phalanges alternativement avec le pouce et l'index de la main droite, etc., etc., sont des éléments manifestement hindous.

A côté de ces choses purement indiennes vit un monde de pratiques et d'idées qui leur sont tout à fait étrangères : il suffit d'indiquer les rites agraires dont la trace subsiste chez les Malais; les interdictions sacrées (tabuñ)[2] qui paraissent empruntées, comme le mot, aux religions polynésiennes; les sacrifices de buffles offerts également par les Népalais et les sauvages de l'Indo-Chine[3]; la coutume de garnir le fond du cercueil avec des plantes aromatiques, la cime ou la feuille du bananier, avant d'y déposer le cadavre, qui existe chez les Laotiens[4], les Khmers et les Annamites; l'emploi de pa-

---

1. M. Barth a fait d'intéressantes remarques sur l'introduction des termes consacrés du rituel védique dans le culte de Çiva. Voir : *Inscriptions sanscrites de Campâ et du Cambodge*, 1er fascicule, p. 20 et 2e fascicule, p. 20.

2. *Dieng* des Ba-Hnars et des Sedangs *in* P. Dourisboure, *Les sauvages Ba-Hnars...* 3e éd., Paris, Téqui, 1894, in-12, p. 60-61. Ce mot est écrit *deng* à partir de la p. 217.

3. On peut lire une très curieuse description de ces sacrifices de buffles chez les Ba-Hnars ou Bannars (P. Combes) dans la *Lettre de M. Combes, missionnaire apostolique, à MM. les Directeurs du Séminaire des Missions Etrangères* (Cankeusam [(Annam)], le 29 septembre 1853); publiée par les *Annales de la Propagation de la Foi*, 1854 et donnée en appendice de l'ouvrage de P. Dourisboure, cité plus haut, p. 326-327.

4. Lieutenant-colonel Tournier, *Notice sur le Laos français*, Hanoi, Schneider, 1900, in-4.

piers couverts de figures magiques [1] et la prédiction de l'avenir au moyen de trois sapèques et d'une écaille de tortue, pris aux Sino-Annamites, et, pour terminer, les pajao, kaiṅ yaṅ, thrvak ou çrvak rija, prêtresses qui se retrouvent chez les Bahnars et les Sedangs [2].

L'examen attentif de la littérature religieuse et surtout des rituels fournira le moyen de multiplier les rapprochements: c'est dans ce but que j'ai mis à profit un séjour de plusieurs mois au Bình-Thuận, au milieu des Chams, pour recueillir, pour la première fois, une collection des textes les plus importants des Kaphirs.

Ce sont :

1º La liste des dieux qu'on doit inviter à chaque sacrifice et qui sont l'objet d'un culte suivi ;

2º Les hymnes chantés dans toutes les communautés chames ;

3º Les prières des grandes fêtes ;

4º Les chants du mödvön (ministre officiant) ;

---

1. Les Hindous s'en servent aussi, mais les dessins de certaines figures magiques chams sont visiblement empruntés aux Annamites.

2. « La *Bo-jaou* est la pythonisse, ou, si l'on veut, la sorcière officielle d'un village... Le sauvage a dans la *Bo-jaou* une confiance sans bornes. Elle est censée savoir beaucoup de choses cachées au reste des mortels ; elle voit les Esprits, elle est en relation avec eux ; elle connaît l'avenir... Quelqu'un est-il malade, la *Bo-jaou* sait d'où vient la maladie, ce qu'il faut faire pour l'éloigner. Elle indique les superstitions requises pour obtenir le succès d'une affaire, les sacrifices nécessaires pour éviter un malheur. Chaque *Bo-jaou* a son *Grou*, son démon particulier. C'est à lui qu'elle s'adresse pour apprendre les choses cachées sur lesquelles on vient l'interroger (p. 172)... [Une *bo-jaou*] renonça à son *Grou* et à la pierre qui était son fétiche... (p. 174). [Pour découvrir l'auteur d'un crime ou délit] les intéressés vont trouver la *Bo-jaou* ou le *Bo-jaou*, car on rencontre aussi, quoique rarement, des hommes qui exercent cet infâme métier » (p. 217). P. Dourisboure, *Les sauvages Ba-Hnars*.

5° Les prières de la recherche du bois d'aigle ;

6° Les rituels funéraires de Phan-Rang et de Phan-Rí ;

7° Les prières de purification des os nobles après l'incinération ;

8° Les abstinences des prêtres.

Les *Hymnes* aux divinités chames sont dans la mémoire de tous les prêtres ; on les chante plusieurs fois de suite pendant les cérémonies [1]. Le commentaire qui précède chaque hymne, composé par un prêtre de Phan-Rang, contient à peu près tout ce que les Chams savent de leurs divinités.

Les *Prières des grandes Fêtes* sont tirées d'un manuscrit sur olles [2] dont chaque prêtre possède un exemplaire. Il renferme l'ensemble des formules récitées aux grandes fêtes annuelles et à l'occasion des cérémonies d'ordination des prêtres. Ces prières contiennent de longs passages en sanscrit dénaturé et en cham mêlé de sanscrit. L'écriture, assez soignée, est moins anguleuse que dans les manuscrits écrits au pinceau ou au calame, ce qui tient à la difficulté de tracer, sans briser les feuilles de palmier, des traits droits au stylet ; la copie donnée ici a été faite sur un exemplaire, provenant de Phan-Rí, que possède l'École française d'Extrême-Orient.

Les *Prières du Mödvön*, ministre officiant dont il sera parlé plus loin, m'ont été communiquées par le mödvön Broch, du village de Palěi Cók Lan Hip Le (plaine de Phan-Rang). Ces prières varient de village à village.

Les *Prières de la recherche du bois d'aigle* sont plutôt des incantations que prononce celui qui dirige la recherche de ce bois et ses compagnons ; une description du bois d'aigle et quelques détails sur ce rite tombé en désuétude depuis

---

1. Une allusion à Sîtâ est sans doute la preuve qu'il existait une version chame du Rāmāyaṇa.

2. Feuilles du *Borassus flabelliformis*, MURR. ou du *Rhapis flabelliformis*, L'HÉR. (Palmiers). *Tamoul* olai, *malayalam* ola.

l'arrivée des Français (1888), forme l'objet d'une notice.

Les *Rituels funéraires* présentent cette particularité curieuse que l'invocation introductive sanscrite à Çiva est suivie des lettres de l'alphabet cham rangées d'abord dans l'ordre alphabétique indien et ensuite de la dernière à la première lettre, formant ainsi un alphabet renversé complété par les combinaisons de consonnes de l'écriture chame. On a alors un tableau complet des signes, auquel manquent les *consonnes ajoutées* [1] qui n'ont dû être introduites que fort tard dans l'alphabet cham. Le Rituel funéraire de Phan-Rang est terminé par seize figures magiques coloriées destinées à être placées dans le cercueil ou les linceuls pour être incinérées avec le mort. Le Rituel funéraire de Phan-Rì ne contient pas de figures magiques; il présente d'assez notables différences de rédaction et est complété par un certain nombre de formules magiques. La langue de ces rituels est généralement claire, excepté dans les passages, par trop concis, où le rite est expliqué. On peut supposer que ces fragments proviennent d'anciens traités (ṣakarai) où l'ordre des cérémonies était minutieusement décrit, et que les prêtres prétendent avoir été brûlés pendant les guerres annamites qui ont amené la destruction du royaume de Campā.

La *Prière de purification des os nobles après l'incinération*, et un petit texte sur les *Abstinences des prêtres* terminent ce recueil.

Le texte cham est la reproduction fidèle des manuscrits dont je me suis servi. Les corrections au texte ont été renvoyées en note. A défaut de caractères chams une transcription signe à signe, très simple, a été adoptée et pour en faciliter l'intelligence, divers alphabets, des spécimens d'écriture et plusieurs fragments des manuscrits édités ont

---

1. V. Aymonier, *Gramm. chame*, p. 13.

été reproduits en phototypie et transcrits d'après le système suivi dans ce mémoire. La lecture du cham, à part quelques ressemblances de lettres sans importance, présente moins de difficultés que d'autres écritures de la même famille, du cambodgien par exemple.

Les présentes *Recherches sur les Chams* ne sont qu'un essai et je me suis borné à livrer des documents sans avoir la prétention de résoudre d'obscurs problèmes. L'importance historique de ces documents, d'ailleurs tous inédits, n'est pas douteuse. Leur publication, s'ajoutant à la remarquable étude de Bergaigne sur la religion des Chams d'après les inscriptions, jettera un jour nouveau sur le dernier stade de déformation religieuse d'un peuple en voie de disparaître. Mon Mémoire n'a rien d'une œuvre définitive; je crois cependant devoir avertir que je me suis toujours attaché, avec le plus grand soin, à ne pas tirer des témoignages plus qu'ils ne contiennent réellement, surtout quand ils ont pour base des textes écrits dans une langue encore mal connue. Résumant les principaux résultats obtenus, il sera, je l'espère, de quelque utilité à ceux qu'intéresse la question des langues et des religions de l'Indo-Chine; il apportera aussi une utile contribution à la connaissance plus intime d'un peuple de civilisation indienne intéressant entre tous.

Il m'est particulièrement agréable de terminer cette introduction en adressant à M. Finot, directeur de l'École française d'Extrême-Orient, mon cher maître et ami, dont les conseils et les encouragements ne m'ont jamais manqué, l'hommage de ma profonde gratitude et de ma respectueuse affection. Que M. Odend'hal, résident de France à Phan-Rang, qui s'est tant intéressé à mes recherches et les a facilitées de tout son pouvoir, me permette aussi de lui en exprimer ici toute ma reconnaissance et veuille bien accepter mes vifs remercîments.

Antoine CABATON.

Phan-Rang (Annam), 8 juin 1900.

NOTICES[1]

DIVINITÉS MASCULINES ET DIVINITÉS FÉMININES

D'après le Pô Adhja[2] de Phan-Rang, les grandes divinités chames se divisent en deux groupes : les *divinités masculines* et les *divinités féminines*. C'est à elles seules que l'on rend un culte aux fêtes solennelles de Katē et de Cabur[3]; elles ont le pas sur les autres divinités nommées dans les hymnes et les textes religieux.

Les grandes divinités masculines sont au nombre de trois :

1° Le Pô Yaṅ Möh, Mö ou Amö[4], créateur de toutes choses

---

1. Pour la prononciation des mots chams, voir *Les Principes de lecture*.

2. Grand-prêtre. *Prononcez* : Adhia.

3. *Prononcez* : Tiabour.

4. Mahādeva (= Çiva) ? — L'examen des textes montre clairement que les Chams ont une tendance marquée à expliquer, par des mots de leur langue, les termes sanscrits dont le son s'en rapproche quelque peu. Ainsi les Chams traduisent constamment nömöḥ (= namas « hommage à ...»), par nömö « traces »; jvā-laṅ (= jvāla « flamme »), par jvā « unique, isolé », laṅ « village », village isolé; ja dī krȫṃ (= yat + krama + m = yathākramam « en ordre, successivement »), par ja « eau », dī « de », krȫṃ « bambou », suc de bambou ! etc. Les mots arabes ont subi le même sort. C'est ainsi que nöbi tiré de نبي nabi « prophète » est couramment confondu avec nöbhi, mot d'origine indienne équivalant à Pô « seigneur » (= *skt.* nābhi « ombilic, centre, chef »), et traduit par « chef ». Les interprétations de ce

et censeur des dieux. Il a la propriété, qu'il partage avec le Pô Ovlaḥ (Allah), de changer de corps et de prendre toutes les formes qu'il veut pour ne pas être reconnu;

2° Le Pô Jāta qui émane du dieu précédent, dieu des régions célestes;

3° Le Pô Ovlaḥ, dieu indéterminé, incorporel, créateur du Pô Raçullak et du Pô Latila, et résidant à Mökaḥ (La Mecque). Il a été créé par le Pô Ovlaḥuk, père du nöbi Mahamat[1].

Les divinités féminines sont :

Pô Inŏ Nögar ou Pô Yaṅ Inŏ Nögar Tahā « la grande déesse Mère du royaume[2] » est la plus puissante divinité des Chams;

genre sont encore facilitées par la fréquence en cham de l'aphérèse et de l'apocope. Pour en revenir à Pô Yaṅ möh, mon sentiment est que möh devenu mŏ a pu être pris pour l'aphérèse de amŏ « père » qui complète assez bien l'idée de Pô Yaṅ « Seigneur Dieu » en Pô Yaṅ Mŏ « Seigneur Dieu père », alors que mŏ ou möh n'est probablement que l'apocope de möhŏ ($=$ mahā « grand ») qui jointe à Yaṅ « dieu, divinité » permet de restituer sans peine la forme Mahādeva, un des noms de Çiva.

1. Ovlah $=$ الله Allah « Dieu ».

Ovlahuk $=$ اَللّٰه Allaho, le même mot vocalisé.

Latila $=$ لَا اِلّٰه la elaho, « point [si ce n'est] Dieu ».

Des trois mots de l'invocation arabe :

« Il n'y a pas d'autre Dieu que Dieu », les kaphirs ont fait trois divinités.

Raçullak est la transcription de رَسُولُ اللّٰه resoulo 'llahi « envoyé de Dieu », titre donné à Mahomet.

2. Je me suis efforcé de montrer comment le nom de Po Yaṅ Amŏ avait été tiré de Mahādeva. Le même procédé peut être appliqué au nom de Pô Yaṅ Inŏ Nögar Tahā, on aurait alors *nagara Mahādevī « la grande déesse (Devī) du royaume ». En effet Yaṅ « divinité » répond vraisemblablement à Devī « épouse de Çiva, Durgā », Inŏ Nögar à nagara « ville, civitas », tahā, enfin, à mahā « grande ». Cf. l'expression inŏ nögar contractée en nagara à inŏ garai que les Chams expliquent par « mère dès dra-

elle est souvent mentionnée dans les Inscriptions du Campā.
Elle naquit des nuages ou de l'écume, — car le mot *aiḥ* qui
désigne en cham le lieu où elle a pris naissance, a ces deux
significations. — Ses 97 maris, parmi lesquels le plus illustre
fut Po Yaṅ Amö « le dieu Père », lui donnèrent 38 filles, objet d'un culte suivi dans l'ancien Campā. Po Inö Nögar se
nomme encore Muk juk « la dame noire = Kālī » et Patā
Kumĕi « la reine des femmes = *strīrājñī* ». Elle créa le riz,
amena l'abondance et favorisa l'agriculture. Son temple, qui
renferme sa statue, existe encore à Nha-Trang (en cham Ija
Traṅ, la Kauthara des Inscriptions), mais les Chams, depuis
la ruine de leur pays, ne vont plus guère à Nha-Trang, les Annamites sont maîtres du temple et présentent seuls leurs offrandes à la déesse.

Les Banis ou musulmans révèrent aussi Pô Inö Nögar; ils
pensent qu'elle n'est autre que Pô Havaḥ ou Ève, et Pô Yaṅ
Amö n'est pour eux que Pô Adam, le père des hommes.

De ses premiers maris Pô Yaṅ Inö Nögar eut de nombreuses filles dont :

Pô Nögar Darā (Tārā?) : elle a un bumoṅ à Mong-Đưc, dans
le sud de la vallée de Phan-Rang. Cet édicule qui porte le
nom de bumoṅ Pô Darā est situé dans les rizières dites Hamū
Aran.

Pô Bja Tikuḥ[1] « la reine Souris » : son temple est à Pajai
(Pho-Hai), près de Manthit (Phan-Thiêt); il est connu sous le
nom de bumoṅ Pô Bja Tikuḥ.

Tārā Nai Anaiḥ « dame Tārā la Mineure »; elle est d'une
naissance moins illustre que les précédentes. L'édicule consacré à son culte se nomme bumoṅ Anaiḥ; il est bâti à Mong-
Đưc, sur les rives du Kroṅ-Biyuḥ « rivière du Crocodile ».

gons » et qui n'est en réalité que le composé sanscrit nāgarāja
« le roi des serpents » ou encore nāga + rakṣa.
1. Serait-ce Gaṇeça qui a pour emblème la souris?

Pô Şaḥ Anaiḥ et Pô Nögar Gahlå ne sont que la même divinité, fille de Pô Inŏ Nögar et de Pô Yaṅ Möḥ, son 38e mari. Elle a deux statues qui ont été faites après sa mort : une de pierre qui est dans les *tours* chames de Pajai (Pho-Hai), près Manthit (Phan-Thiêt), nommées à cause de cela Kalan Şaḥ Anaiḥ « temple de Şaḥ la Mineure » ; l'autre en bois d'aigle à Parik (Phan-Rí) dans un édicule ou bumoṅ situé auprès d'un endroit appelé Quan Mia par les Annamites et dont je n'ai pu savoir le nom cham. Voilà pourquoi cette divinité s'appelle Pô Şaḥ Anaiḥ à Phan-Thiêt et Pô Nögar Gahlå à Phan-Rí.

Toutes ces divinités sont restées vierges. Ce sont les seules filles de Pô Inŏ Nögar Tahā qui reçoivent encore un culte dans les régions qui s'étendent de Nha-Trang à la frontière de la Cochinchine actuelle. Mais Pô Nögar Tahā, assurent les Chams, en eut beaucoup d'autres qui toutes virent le jour à Nha-Trang et furent adorées dans un district spécial de l'ancien empire de Campā. Ces divinités sont malfaisantes ; les sacrifices qu'on leur offre n'ont pour but que de les apaiser. Ils servent aussi de remèdes prophylactiques contre les maladies qu'elles pourraient envoyer aux humains pour les tourmenter.

Pajå Yaṅ. — Pajå céleste.

C'est une femme de trente ans, sa filiation est inconnue et l'on ne connaît aucune image qui la représente. Elle n'a aucune forme particulière sous laquelle elle se manifeste, on la convie à tous les sacrifices.

Cette divinité est la grande dispensatrice du bonheur ; elle guérit les malades et console les affligés.

Les sacrifices qu'on lui offre ne doivent se composer que des produits de la terre : riz, bananes, grenades, cocos, etc. Le jour favorable pour lui offrir une oblation est le premier jour de la lune décroissante.

La Pajã Yaṅ habitait autrefois la terre; elle ressuscitait tous les morts; le Pô Jãtā, dieu du ciel, fatigué de cette dérogation constante aux lois éternelles, la fit monter vivante dans la lune.

Elle n'a plus le pouvoir de rappeler les morts à la vie, mais elle a le loisir de donner le bonheur et la santé.

La face de la Pajã Yaṅ se voit nettement dans la lune quand celle-ci est dans son plein. Son nom Pajã Yaṅ serait pris dans le langage élevé comme synonyme de lune, mais jusqu'ici je n'en ai pas rencontré d'exemple dans les livres chams.

Les éclipses de lune se produisent quand le soleil passe devant la lune. La Pajã Yaṅ étant l'inférieure de la divinité solaire Pô Aditjak (*skt*. āditya), elle se prosterne devant le soleil et c'est là ce qui fait l'éclipse.

Les éclipses de soleil sont un acte d'hommage de la divinité solaire Pô Aditjak à la divinité du ciel Pô Jãtā[1]. Les jours d'éclipse sont fastes et sont l'occasion de sacrifices.

Après la mort les âmes des justes s'élèvent jusqu'à la lune pour saluer la Pajã Yaṅ.

Cette légende m'a été contée par un mödvön de Phan-Rang; elle est acceptée par quelques Chams, mais d'autres la contestent absolument et lui substituent la suivante :

« Une femme se promenant dans un bois tua une nichée de serpents, puis elle guetta le retour de la mère des serpents. Celle-ci, voyant ses petits morts, se mit à la recherche de l'arbre phun jrai[2], en mâcha la feuille et cracha sur ses petits qui revinrent à la vie. A la vue de ce prodige, la femme s'empressa de cueillir une branche de l'arbre jrai et la planta derrière sa maison. Un jour, avant de sortir, elle recom-

1. Pô Jãtā s'appelle aussi Pô Debatā Çvör ou Thvör (= devatā svarga).

2. *Ficus Bengalensis*, Linn. (*Ann.* cày da). Une décoction de l'écorce de cet arbre (*skt*. vaṭa) est très employée dans l'Inde pour le pansement des plaies.

mande à ses enfants de ne pas uriner sur l'arbre qui dispa-
raîtrait si cette irrévérence était commise. Les enfants vou-
lurent essayer et urinèrent sur l'arbre, et quand leur mère
revint, elle aperçut l'arbre s'élevant de terre. Elle voulut le
rattraper, mais elle fut enlevée avec lui dans la lune avec le
chien noir qui l'accompagnait. Cette bonne femme, qu'on
peut voir dans la lune, n'a aucun pouvoir sur les hommes. »

Pô Yaṅ Darī[1].

Pô Yaṅ Darī (*skt.* darī « cavité, caverne » ?), déesse de la maladie, habite les cavités, les grottes, les antres ou les fourrés
de la montagne et plus particulièrement là où l'on voit des
cairns artificiels, dans les endroits très épais des bois que les
Chams appellent tuḷ glai. On représente cette divinité sous
la forme d'une pierre debout sur laquelle on trace un trait
blanc horizontal, « pour figurer la bouche », disent les indigènes.

Pô Yaṅ Darī apparaît en songe à un individu — généralement un vieillard — et lui fait voir la pierre qu'il doit choisir
pour la représenter, le lieu où elle entend être révérée et recevoir des sacrifices.

Le lendemain, l'individu va chercher la pierre qu'il a vue en
songe, trace la raie horizontale prescrite, dresse la pierre,
si le lieu est celui que la Pô Yaṅ Darī a indiqué, ou la transporte si la pierre n'est pas à cette place.

Autour de cette pierre dressée sous un arbre, on débrous-
saille un espace circulaire dont le diamètre n'est pas fixé. La
pierre étant dressée comme centre, on dispose autour d'elle
un cercle de pierres quelconques, non reliées entre elles, en

---

1. Elle guérit la fièvre infantile à Phan-Rí où son culte, décrit
par M. Aymonier, diffère notablement de celui qu'on lui rend à
Phan-Rang.

ménageant une ouverture pour permettre d'entrer dans cette sorte d'enceinte.

Le tout s'appelle tanöḥ yaṅ, « enclos sacré »[1].

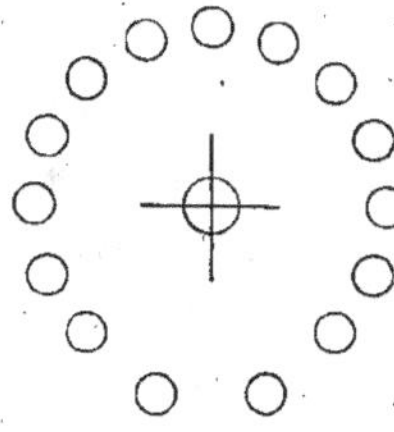

Fig. 1.

L'arrangement des pierres s'effectue sous la direction de celui qui a eu le songe miraculeux; puis il offre un sacrifice composé de :

Deux poulets, cinq tasses de riz cuit, cinq feuilles de bétel, une tasse d'alcool.

Quand on va dans la forêt, il faut désormais offrir un sacrifice à la Pô Yaṅ Darī en passant devant le tanöḥ yaṅ. On choisit d'abord un jour favorable, c'est-à-dire le 1er, 2e, 3e ou 4e jour de la semaine chame. Le sacrifice comporte deux poulets tués le jour; le rite défendant de tuer la nuit. Le matin, le sacrifice est offert au sud. Midi et la nuit sont des moments défavorables.

Ceux qui redescendent de la montagne se contentent d'ajouter une pierre à l'enceinte du tanöḥ yaṅ qui doit alors prendre la forme suivante en augmentant toujours vers l'extérieur[2] :

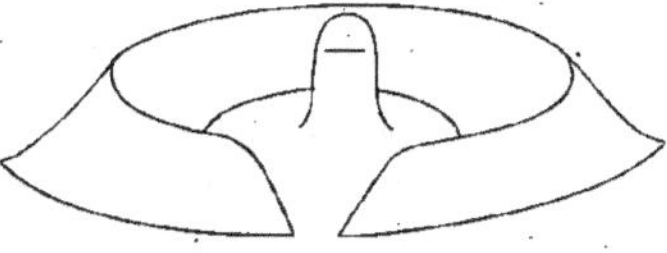

Fig. 2.

1. Quelques Chams écrivent tanök yaṅ.
2. Dans ses voyages en Indo-Chine, M. Odend'hal, résident de

PRÊTRES

Les prêtres chams proprement dits forment la caste des baṣaiḥ ¹ (*skt.* upāsaka, °sikā); elle élit à vie trois grands-prêtres
qui reçoivent le titre de pô adhia ou pô dhia (*skt.* upādhyāya)
et deviennent les prêtres des trois grandes divinités : Pô Yań
Inö Nögar, Pô Kloń Garai et Pô Rāmē.

La qualité de baṣaiḥ se transmet héréditairement par les
hommes, mais les membres de cette caste qui n'embrassent
pas la prêtrise peuvent choisir la profession qui leur plaît.
Ils ne sont alors astreints à aucune des abstinences religieuses
des prêtres.

Dès l'âge de dix ans, les enfants baṣaiḥ sont exercés aux
manipulations traditionnelles; ils apprennent à lire dans les
rituels qu'ils doivent savoir par cœur. Après leur consécration,
qui a lieu lorsqu'ils ont atteint vingt-cinq ans révolus, les

France en Annam, a souvent rencontré des *cairns* dans la forêt,
au long des sentiers; c'est une superstition commune aux Khas
et aux Laotiens. Aux uns on ajoute des pierres en passant, sur
les autres on dépose des feuilles cueillies quelques pas auparavant.
M. Odend'hal n'a jamais pu obtenir d'explication satisfaisante du
fait, on lui a toujours répondu que ces tas de pierres étaient la
demeure d'un *phi* (génie).

Les Annamites lui ont donné une explication plus fantaisiste :
ces *cairns* seraient des témoins des grandes expéditions annamites au-delà de la chaîne. A un point donné, en allant, au moment de franchir la montagne, tous les soldats devaient déposer
une pierre au même endroit. En rentrant — on passait par le
même chemin — chaque homme reprenait un caillou de telle
sorte que le nombre des pierres des *cairns* représenterait exactement le chiffre des pertes des expéditions militaires de l'empire
d'Annam !

1. *Prononcez* : batchiè. Forme de bandya, vandya, « bonze ».
Banhra au Népal? Cf. le khmer : batchiei et le siamois basika
« religieuse, bonzesse ».

nouveaux prêtres se marient, sans être obligés d'épouser une femme de leur caste.

Le costume des başaih se compose d'une robe blanche — c'est une simple pièce de coton enroulée autour des reins qui tombe jusqu'aux pieds — maintenue par une étroite ceinture en passementerie brun et rouge ; d'une tunique longue en coton blanc, sans col, échancrée à la gorge et se fermant à l'aide de cordons et d'un turban blanc formé d'une bande de toile à franges rouges, qui cache les cheveux longs noués en chignon sur le sommet de la tête. Les başaih gardent la moustache et la barbiche. Dans les cérémonies, les başaih portent une mitre blanche à broderies rouges et bleues et un anneau de cuivre ou d'or à gros chaton.

Les camenëi [1] forment une caste inférieure à celle des başaih qui se confond avec celle des kathar ou kadhar (*skt.* udgātar ?). Les camenëi sont des diacres soumis aux başaih, chargés de l'entretien des temples, gardiens des ustensiles sacrés. Ce sont eux qui habillent les divinités et qui disposent les offrandes dans l'ordre traditionnel.

Les kathar chantent les hymnes en s'accompagnant sur un violon à deux cordes.

Le mödvön [2] est un ministre officiant qui tient sa fonction de son prédécesseur ; il n'appartient à aucune caste. Convié à

---

1. *Prononcez* tiam'neil. Ce mot qui s'écrit encore şamenëi vient peut-être du pāli samaṇa, sanscrit çramaṇa « ascète », « moine bouddhiste ». Ces camenëi évoquent le souvenir d'une classe de prêtres buddhistes qui paraît avoir existé dans l'organisation religieuse de l'ancien Campā brâhmaniste comparable à la caste des *bakus* brâhmanistes qui remplissaient et remplissent encore certains offices religieux à la cour du roi buddhiste du Cambodge. L'existence du buddhisme au Campā est du reste attestée par les Inscriptions et par un passage de l'historien tibétain Târanâtha, qui mentionne cette contrée parmi les royaumes *kokis* ou buddhistes de l'Indo-Chine.

2. *Prononcez* : meûdoun.

toutes les cérémonies domestiques avec la pajå [1] ou prêtresses, il offre des sacrifices aux divinités pour demander la guérison des malades ou prédire l'avenir. Il chante en frappant avec les mains sur un tambour plat à une face.

Les başaih, les camenëi, les kathar et les mödvön observent certaines abstinences ; ils portent tous le costume blanc, mais la tunique du mödvön est fermée avec des boutons.

Fig. 3².

En dehors des prêtres, il existe encore chez les Chams les prêtresses, devineresses ou pythonisses suivantes :

1° La pajå.

2° La kaiñ yañ « celle qui est autour des divinités », sup-

---

1. *Prononcez* padiao.
2. Prêtres chams du Bình Thuận. 1-2, Musiciens laïcs ; 3, Mödvön ; 4-5 et 10, Kathars ; 6-8, Başaih ; 9, Pajå ; 7, Pô Adhja ; 11-12, Camenëi.

pléante bénévole de la pajâ. Assistée d'un mödvön, elle présente en dansant les offrandes aux divinités.

3° Les rijə, raja çrvak ou thrvak rija[1], prêtresses de famille, communes aux brâhmanistes et aux musulmans.

Toutes ces prêtresses, excepté les rija, observent les absinences des başaiḥ.

Fig. 42.

Initiation du Mödvön.

Le Mödvön, auxiliaire indispensable de la pajá, n'appartient pas à la caste sacerdotale; c'est un ministre officiant qui peut entrer en fonctions à l'âge qui lui plaît, à la condition d'avoir été initié par un Mödvön en exercice qui, après lui avoir appris à jouer du baranöñ, sorte de tambour plat à

1. *Prononcez* ridia, radia, çroua'.
2. Mödvön et Kathar.

une face, lui enseigne les formules magiques et les chants
rituels spéciaux de son nouvel office. Aussitôt consacré, le
nouveau mödvön peut chercher une clientèle parmi les habitants de son village soit en prédisant l'avenir, soit en guéris-
sant les malades au moyen d'incantations.

Fig. 5[1].

Avant la cérémonie d'initiation le Mödvön offre un sacrifice
composé de :

Un bouc ;

Trois coqs ;

Un plateau chargé de trois rangs de chiques de bétel superposés ;

Un petit plateau de feuilles de bétel.

1. Pajá.

Ce sacrifice est destiné à apaiser les patrā patrī (pitṛis, mânes des parents défunts) et les prók (mânes des enfants mort-nés).

Le Mödvön tranche le cou du bouc, qu'une femme dépouille, vide et fait bouillir tout entier dans une marmite avec de l'eau, du poivre, du sel, de l'ail, des oignons, de la saumure de poisson, du tamarin et du piment. Quand la chair est presque cuite, la femme coupe les quatre pattes de l'animal, en retire la chair adhérente, pile les os restants dans un mortier et remet le tout dans la marmite avec une certaine quantité de ñam bvā (*Arum esculentum*). Après cuisson complète, cette cuisine est répartie sur 37 plats, pour être offerte aux divinités.

On dispose en outre :

Deux plateaux de gâteaux de riz gluant ;

Une tasse de sel en gros fragments ;

Les trois coqs rôtis, découpés, et placés sur cinq plats de riz. Ils sont offerts à Pô Inö Nögar et à ses filles.

Puis le Mödvön, ayant près de lui le postulant, mange une petite partie des mets offerts, se lave la bouche avec de l'eau, mord un cristal de sel, avale trois grains de riz trempés dans l'eau sucrée, se lave de rechef la bouche, avale encore trois grains de riz et termine ce repas rituel en mangeant trois bouchées de bouc avec un peu de saumure. Il se lave la bouche pour la troisième fois, croque de nouveau du sel et chante, en s'accompagnant du baranoñ, le daā patrī, « invitation aux pitṛis », pendant que le postulant distribue les gâteaux aux assistants. Le Mödvön, après avoir franchi un talus de rizière, chante enfin le panvöc hvak laçěi, « paroles pour manger le riz », et confère au postulant le titre de mödvön.

La cérémonie, comme toutes les fêtes chames, se termine

par un repas aux frais du nouvel initié auquel sont conviés les baṣaiḥ, les pajá, les imöms musulmans et une nombreuse affluence de parents et d'amis, et où l'on consomme le reste des oblations.

Pajá.

La pajá (*pron.* padiao) est une prêtresse, ou plutôt une prophétesse astreinte au célibat, qui existe non seulement chez les Chams, mais chez plusieurs peuplades de l'Indo-Chine[1]. Il y en a une en moyenne par quatre à cinq villages. Une pajá qui aurait des relations avec un homme se verrait immédiatement frappée avec son complice ; il y eut, autre-

1. Voir la note 1, p. 10.

« Il est... un personnage réputé interprète infaillible des Esprits, et dont les décisions, reçues comme des oracles, deviennent des règles universelles de conduite : on l'appelle *Beiàou*. Cette espèce de pythonisse, car c'est toujours une femme, joue un rôle et exerce une influence vraiment extraordinaire dans toutes ces contrées. A peu près chaque village a une *Beiaou*, et quelquefois plusieurs : elles ne jouissent pas toutes d'une égale réputation... L'investiture de la pythonisse est une œuvre du ciel et non de la terre. Un beau jour, elle est ravie par un Esprit qui lui communique des secrets et des pouvoirs tout divins, avec la mission d'éclairer et de secourir ses semblables ; dès lors elle est *Beiaou* ; c'est elle-même qui annonce cette transformation surnaturelle, et une simple affirmation de sa part est acceptée comme une preuve irrécusable. Elle commence incontinent l'exercice de ses fonctions et depuis c'est à elle que le sauvage s'adresse toujours, quand il est éprouvé par un malheur quelconque ; elle sait lui en dire les causes... ; elle peut même lui indiquer des remèdes efficaces... »

« Si la sécheresse ou les pluies compromettent les moissons, si la tempête menace de tout bouleverser, c'est encore à la pythonisse qu'on a recours. » *Lettre de M. Combes, missionnaire apostolique...*, pp. 327-330 de l'édition Téqui (Appendice au livre du P. Dourisboure, *Les sauvages Ba-Hnars*).

fois, de nombreux exemples de cette vengeance céleste mais
on n'a pu m'en spécifier aucun [1].

Le recrutement de la pajâ se fait de la manière suivante :
quand une pajâ devient vieille, ou sent sa fin approcher, elle
offre un banquet à toute sa famille [2] et aux notables, un jour
faste du premier mois de l'année chame (avril-mai). Cette
fête s'appelle yan trun pvöc « prier la divinité de se révé-
ler ».

Avant de commencer le repas, la pajâ entre en extase, se
congestionne, se met à trembler et désigne la jeune fille qui
doit lui servir de coadjutrice, en attendant qu'elle lui suc-
cède. Cette jeune fille prend alors le nom de mönvis asit anök
söb « enfant qui est le bonheur du genre humain » : Elle
s'agenouille devant la pajâ, se met à trembler et va chez ses
parents prendre un plateau portant quinze feuilles de bétel,
une tasse d'alcool et deux œufs. Elle l'apporte chez la pajâ
et le lui offre en signe d'entier acquiescement.

La pajâ, dénouant sa ceinture, l'enroule en turban autour
de la tête de son auxiliaire. Celle-ci devra désormais se pa-
rer de ce turban dans les cérémonies. La pajâ convie ensuite
les assistants au repas préparé. Elle-même et sa coadjutrice
avalent d'abord trois grains de sel et trois grains de riz, se
lavent la bouche et peuvent ensuite manger des mets communs mais sans prendre place : elles mangent à part et avec
leurs doigts. La composition du repas n'a rien de rituel.

1. Pajâ, d'après un prêtre cham, signifierait *princesse*. Les
pajâ actuelles sont le reflet des filles de sang royal qui, à la cour
des anciens rois de Campā, étaient investies de certaines fonctions
religieuses, mais pouvaient se marier. Aujourd'hui, bien que le
célibat soit obligatoire pour les pajâ, ces femmes ont, néanmoins,
de relations illicites, des enfants, et leurs filles sont généralement appelées à leur succéder.
2. Les Chams entendent par famille les frères et les sœurs et
généralement les gens portant le même nom.

Après le repas la pajā et sa coadjutrice exécutent la tāmjā (*pron.* tāmiā), danse rituelle élégante et grave qui consiste en quelques pas et gestes des bras, la main gauche tenant une écharpe rouge et la droite un éventail. La pajā allume ensuite un cierge; elle prend une feuille de bétel qu'elle passe dans la flamme du cierge avant de l'offrir à son auxiliaire.

La jeune fille, après cette cérémonie, retourne chez elle; elle offre à la Pajā Yaṅ, comme sacrifice d'actions de grâce, un plateau chargé de quinze feuilles de bétel, une tasse d'alcool et trois cierges.

La pajā doit choisir comme coadjutrice une vierge ayant vingt ans ou même davantage, mais elle peut la prendre plus jeune; dans ce dernier cas la mönviṣ aṣit doit attendre qu'elle ait vingt ans révolus pour accomplir son ministère de coadjutrice de la pajā ou pour remplacer celle-ci si elle venait à mourir.

Aucune instruction spéciale ni générale n'est obligatoire, mais l'intronisation de la coadjutrice n'est pas définitive après la célébration du Yaṅ trun pvöc. Un an juste après la célébration du sacrifice-demande, on en offre un second au temple de Pô Kloṅ Garai, situé sur le territoire de Dac-Nhơn, à 5 kilomètres de Phan-Rang. Cette seconde cérémonie ne porte pas de nom particulier, mais tous les assistants de la première doivent être présents, sauf à remplacer les personnes mortes dans l'année par d'autres du même sexe et de la même famille.

Tout le monde doit avoir préalablement pris un bain purificatoire. Le gardien du temple (camenĕi) a été prévenu la veille et on part au lever du soleil à la demeure de la pajā. Celle-ci et sa coadjutrice ont des robes et des tuniques blanches, sans col et sans boutons; les assistants s'habillent à leur guise.

Le sacrifice du temple comporte un coq et une poule, deux petites corbeilles de riz blanc cuit, quinze feuilles de bétel, deux cierges fixés sur les corbeilles de riz. On brûle du bois d'aigle dans un petit brasier. Toutes ces offrandes sont fournies par la coadjutrice ou auxiliaire.

La pajå se prosterne, après elle l'auxiliaire et enfin les assistants. Pendant ce temps, ou immédiatement après, la flamme des deux cierges vacille, l'auxiliaire entre en transe : c'est que la Pajå Yaṅ est présente et accepte la personne qui lui est présentée. Si, au contraire, les cierges ne donnent qu'une lumière faible, brûlent mal ou s'éteignent, la crise ne se produit pas chez la postulante : c'est que la Pajå Yaṅ la refuse ou est absente, ce qui est la même chose.

Pô Kloṅ Garai n'intervient pas; il cède la place à la Pajå Yaṅ qui descend dans le temple si elle agrée le sacrifice.

Si la Pajå Yaṅ a refusé l'auxiliaire, on se réunit de nouveau à la maison de la pajå et l'on offre une seconde fois le Yaṅ trun pvöc ou sacrifice-demande. Une nouvelle auxiliaire est désignée et la cérémonie du temple est célébrée un an moins huit jours après le deuxième Yaṅ trun pvöc, pour présenter à la Pajå Yaṅ cette seconde mönviṣ aṣit.

La jeune fille non agréée reprend la vie ordinaire et peut se marier, alors que la mönviṣ aṣit agréée est vouée au perpétuel célibat et remplacera la pajå après la mort de celle-ci. Le cas de mort subite de la Pajå avant d'avoir choisi une coadjutrice pour lui succéder ne peut se présenter, car la pajå connaît toujours la date de sa mort au moins huit jours d'avance.

La pajå, astreinte au célibat comme il a été dit plus haut, vit seule. En relations avec la Pajå Yaṅ, elle connaît l'avenir quand elle est en état de transe sacrée. Elle est alors omnisciente, quelle qu'ait été son ignorance antérieure.

La pajå offre des sacrifices à la Pajå Yaṅ. Une fois par an

elle s'endort d'un profond sommeil — quelques prêtres pensent qu'elle meurt — et va dans la lune rendre visite à la Pajâ Yan qui lui révèle l'avenir. Le sacrifice qu'on offre pendant ce sommeil s'appelle nap yan pajâ « diviniser la pajâ ».

Le sacrifice consiste en un chevreau noir qu'on décapite au lever du soleil ; sa chair est bouillie, dépecée et les morceaux disposés sur trois plateaux, avec deux noix de coco, trois tasses de riz, trois paquets de vingt feuilles de bétel, trente noix d'arec. On fait brûler du bois d'aigle dont le parfum monte jusque dans la demeure lunaire de la Pajâ Yan.

La mönviş aşit et les kathars (chantres) assistent au sacrifice. Ces chantres sont au nombre de quatre à cinq, parfois six. La pajâ n'officie jamais seule, elle est au moins assistée par un mödvön. Ceci ne s'entend pas des offrandes qu'elle adresse chez elle à la Pajâ Yan, mais des cérémonies publiques. Au réveil de la pajâ les offrandes sont consommées en commun.

<h2 align="center">Consultation de la pajâ.</h2>

On prévient les prêtres et la pajâ et on dit en même temps à la prêtresse l'objet de la consultation. La pajâ désigne un jour faste où doit avoir lieu la cérémonie ou ḍik nap yan « ascension spirituelle ».

Au lever du soleil on immole un chevreau ou deux poulets en leur coupant le cou. Les prêtres, la pajâ, le consultant et les assistants après avoir pris un bain de purification se rendent au temple de Pô Klon Garai[1] où ils doivent arriver au

1. « Le temple de Pô Klon Garai (Tour chame des Européens et des Annamites) est un édifice très curieux et très important. C'est un groupe de quatre constructions, dont trois petits bâtiments annexes et un grand édifice formant la partie principale du monument. Tous sont orientés à l'E. Le premier qui se trouve au bord du plateau est un petit bâtiment carré à voûte pyramidale,

moment où le soleil *est à une perche* au-dessus de l'horizon,
c'est-à-dire vers 6 heures et demie du matin.

Les oblations suivantes ont été apportées d'avance par un
serviteur :

percé de deux portes sur les faces E. et O. Il n'est pas très en-
dommagé et peut être restauré.

« Le deuxième situé sur la même ligne droite E.-O. est à peu
près détruit, il ne reste plus qu'une partie des quatre murs. En
suivant la même ligne on arrive à l'édifice principal. En dehors de
l'axe, à gauche du bâtiment ruiné et parallèle à celui-ci, se trouve
le troisième édicule annexe. Il forme un rectangle oblong, percé
de trois portes sur les faces E., N. et S. : il n'y en a pas du côté O.
Les portes E. et S. sont surmontées d'une niche abritant une
statue royale grossièrement taillée ; du côté N. il n'y a que la
trace d'une niche, du côté O. la niche est intacte mais vide de sa
statue. Sur ce cube de brique est posée une lourde toiture arrondie... Sur la porte d'entrée du monument principal (sa description répond à ce qui est dit plus bas des temples chams), statue
de Çiva à six bras ; les deux mains inférieures tiennent un trident
et un bouton de lotus ; celles du milieu un cimeterre et une coupe.
Les deux mains supérieures sont enlacées derrière la tête. Sur
les autres faces, figures de roi. Dans le vestibule, nandi de granit
à collier. Dans le sanctuaire mukhaliṅga ; quatre petits éléphants
en pierre... » (L. Finot, *Journal de route.*)

« Les temples chams sont généralement situés sur des hauteurs
qui dominent un vaste horizon. Bâtis en briques, avec ou sans
interposition de pierres, ils sont, à la seule exception de la tour
octogonale de Bang-an, sur plan carré avec un porche saillant
sur la face est et une fausse porte sur chacune des autres faces.
Le sanctuaire est une salle carrée, nue, obscure, dont la voûte a
la forme d'une haute pyramide ; à l'extérieur elle dessine une série
d'étages superposés, en retrait l'un sur l'autre, et dont la décora-
tion reproduit celle de l'étage inférieur. Ordinairement chaque
étage a sur ses quatre faces une niche abritant une figure de
pierre ou de brique. L'amortissement des arcades est toujours en
arc brisé. Toutes les voûtes sont à joints parallèles. Si l'aspect
général est le même partout, la variété des détails révèle au contraire l'effort continuel et souvent heureux d'un esprit inventif...
Il me semble possible, en partant du prototype donné par les monuments javanais, et en s'aidant des indications chronologiques
fournies par les inscriptions, de faire l'histoire de cet art cham,
qui est un des aspects les plus intéressants de la civilisation de
ce pays. » (L. Finot, *Rapport au Gouverneur général de l'Indo-
Chine.*)

Un chevreau noir mâle, ou femelle si l'on est riche ;

Ou un coq et une poule ;

Une corbeille de riz cuit ;

Deux tasses de riz cuit ;

Une tasse d'alcool ;

Cinq feuilles de bétel.

Les offrandes sont rangées sur une table basse placée devant le liṅga à figure du temple, qui a été préalablement *habillé*[1] par le camenĕi ; près du liṅga on a placé une paire de boîtes à bouts relevés en drap rouge brodé d'or. La table du liṅga est recouverte d'une étoffe brodée en rouge (ṣaka-lat) ; les coupes et les ustensiles sacrés sont parfois en argent.

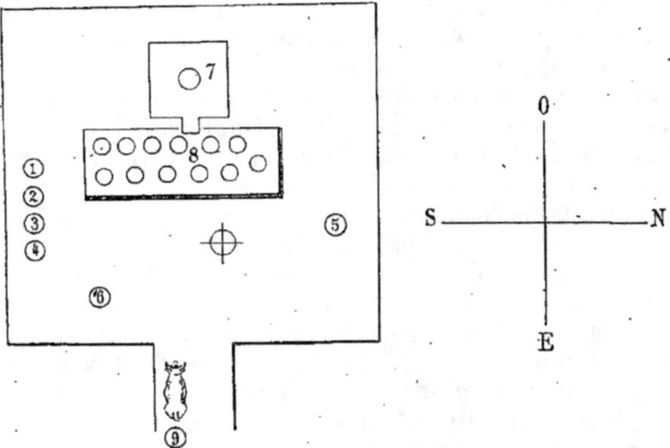

Fig. 6. — Schéma de la cérémonie [2].

1. *Les Inscriptions de Campâ* mentionnent de nombreux dons de vêtements aux divinités : « Il (le roi Çri-Harivarma-Deva-Rājādhirāja) a donné à cette Grande Bienheureuse (Bhagavatī) des biens consistant en... *vêtements brodés...* » (*Insc.* n° XXVIII, 2e fasc., p. 90, st. 21-24).

2. 1, 2, 3 Baṣaiḥ (prêtres) ; 4 Kathar (chantre) ; 5 Camenĕi (gardien) ; 6, Consultant ; + Pajâ ; 7, Mukha liṅga ; 8, Oblations ; 9, Nandi.

Plusieurs baṣaiḥ doivent assister au sacrifice. On allume
un cierge et la cérémonie commence. La pajā se prosterne,
allume les deux cierges restants, dont l'un est fixé à droite
sur la tasse d'alcool et l'autre à gauche sur la corbeille de riz,
et prépare la libation d'alcool pendant que les kathars jouent
d'un violon nommé kuñi kurā dont la boîte d'harmonie est
une écaille de tortue.

Le consultant demeure dehors jusqu'au moment où la
pajā s'étant prosternée trois fois prononce son nom en énon-
çant la question posée. A l'appel de son nom le consultant
entre et se prosterne trois fois ; puis la pajā offre l'alcool et
vide la libation dans un vase ; elle verse une autre libation
pour la divinité extérieure du temple, Pô Ganvör Mötri (un
Çiva).

Elle offre ensuite, en une seule fois, aux divinités le chevreau, le riz, les fruits, sans faire de libation d'alcool et répète
en même temps la demande du consultant.

Le kathar, entre-temps, chante les hymnes sacrificiels aux
divinités chames. Une libation est versée pour chacune des
divinités nommées dans les hymnes[1] :

L'alcool des libations est recueilli dans un vase pour être
bu à l'issue de la cérémonie.

A chacune des divinités correspond une prière chantée
par le baṣaiḥ et le kathar. Ces prières ou hymnes sacrificiels
s'appellent : adóḥ daā Pô Yaṅ « chants pour inviter les divinités ».

C'est au cours de ces rites multiples que se produit la
transe de la pajā ; elle commence ordinairement peu de
temps après l'entrée du consultant, les oblations étant offertes. La transe se manifeste par un simple tressaillement,
la pajā est accroupie et a les yeux fermés. Le sacrifice con-

---

1. La liste en est donnée en tête des Textes.

tinue toutefois à quelque moment que la transe se produise.
La cérémonie se termine en offrant un peu de chacune des
des oblations au nandi du couloir extérieur du temple.

Enfin la pajâ mord trois fois dans un gros cristal de sél[1],
avale trois grains de riz cuit pris dans la corbeille et trois
grains provenant des deux tasses, puis elle se lave la bouche.

Elle répète ce rite trois fois, donne les deux tasses de riz
aux prêtres et conserve la corbeille de riz. On peut alors commencer à manger.

Le consultant est libre de faire apporter à la tour toute
espèce de mets en plus des offrandes. L'assistance, toujours
nombreuse, se compose d'amis et de simples dévots qui viennent remercier la pajâ, aussi ces fêtes se terminent parfois
par de vrais banquets faits sur le monticule du temple de Pô
Kloñ Garai.

Çrvak rijā.

Ces prêtresses de famille sont des femmes âgées de vingt
ans au moins, choisies par toute la famille assemblée, c'est-
à-dire par tous les gens portant le même nom. La çrvak rijā
n'est astreinte à aucune règle particulière ; elle porte, les jours
de sacrifice seulement, une robe, une tunique sans boutons
et un turban blancs.

Avant d'officier elle doit offrir un sacrifice analogue au
diḥ çrvak (p. 42), qui est sans doute le sacrifice constant, ou
périodique, offert par cette prêtresse, les autres étant des sa-
crifices-demande particuliers.

1. D'après le Rituel védique le sel est le symbole de l'abondance
de nourriture. Cf. H. Oldenberg, *Die Religion des Veda*, p. 414.

FÊTES RELIGIEUSES DES CHAMS

Bön[1] Katē et Bön Cabur[2].

Ces deux fêtes, les plus solennelles des Chams, se célèbrent, la fête de Katē ou Bön Katē le 5 du cinquième mois (sept.-oct.), et la fête de Cabur ou Bön Cabur le premier jour du neuvième mois (janvier-février). Il y a cinq jours de fêtes et les sacrifices sont identiques, sauf qu'ils ont lieu, pour la fête de Katē, dans les kalan (tours chames) et les bumon (huttes de feuilles) et pour celle de Cabur, à la fois dans les tours, où ils sont offerts comme les précédents par les basaih, et dans les maisons où les particuliers les offrent personnellement. Après le Katē, les divinités masculines ont le pas sur les divinités féminines; après le Cabur, c'est le contraire qui a lieu. Un bain purificatoire est indispensable avant de célébrer les sacrifices qui ont lieu à midi.

Les *Prières des grandes Fêtes* sont récitées pendant tout le temps de ces réjouissances religieuses destinées à rendre un culte aux mânes et qui rapppellent, par certains côtés, les agapes du têt « premier jour de l'an » ou celle du lē đoan ngũ « fête du 5e jour de la 5e lune » où les Annamites se réunissent pour boire et manger en l'honneur des ancêtres.

Les officiants obligatoires communs aux solennités de Katē et de Cabur sont :

Un Pô adhja « grand-prêtre » ;

1. *Prononcez* katé et tiaboûr.
2. Ici ce mot que je rends par « fête » exprime proprement l'idée de manger et signifie exactement « offrir un repas [aux divinités] » ; il marque l'action répétée et présente le triple sens de repas, de fois et de porte : repas, pour marquer l'action journalière de manger ; fois, parce qu'il exprime une action qui se réitère ; porte, par allusion au mouvement de va-et-vient d'une porte.

Un khathar « musicien » ;

Un bā bön « maître des cérémonies » ;

Un camnĕi « assistant ».

Les offrandes se composent d'un bouc, de riz cuit (deux tasses et une boîte), d'un grand plateau de gâteaux de farine de riz qui portent les noms suivants : patĕi, pĕi anuñ, pĕi dalik, ṣākayā, ganróñ layā, pĕi köñ, pĕi cuk[1] buyamön[2] (cinq tasses), ñjöp[3] (cinq petites assiettes) ; de l'alcool de riz (alak), de l'eau de citron (eau lustrale), de l'arec et du bétel (dix morceaux de chaque).

La statue du dieu est lavée à l'eau de mū (eau lustrale) avant le sacrifice. Devant elle brûle obligatoirement un grand cierge de 0^m,50 de longueur ; à sa droite et à sa gauche, on en plante autant de petits que l'on veut. Un réchaud placé en avant du cierge sert à faire fumer du bois d'aigle ou gahlâ.

Les gestes rituels, le costume des prêtres sont les mêmes que pour la fête de Pô Ṣaḥ.

Les particuliers qui offrent un sacrifice chez eux s'adjoignent un camenĕi, un kadhar, un mödvön et une pajâ.

Paralâ rijā Ṣaḥ.

La première fête de l'année chame se célèbre le 10° jour du second mois[4] en l'honneur de la déesse Pô Ṣaḥ Inö qui n'est vraisemblablement qu'une appellation différente de Pô Inö Nögar ou Durgā. Le Paralâ rijā Ṣaḥ ou « développement de la fête de la déesse Ṣaḥ » dure cinq jours durant lesquels les cérémonies suivantes se répètent exactement.

---

1. *Ann.* bún « vermicelle ».
2. *Ann.* chè ou cúng chè « mets sucré de riz ou de haricots ».
3. *Ann.* xôi nêp « riz gluant cuit à la vapeur ». On écrit aussi djöp. *Prononcez* : dieup.
4. Elle a commencé en 1900, le 3 juin, à 6 heures du soir.

Quelques jours avant la date fixée pour la célébration du rite, les Chams de la plaine de Phan-Rang construisent sur le bord de la mer, non loin de la colline de Datrang et près de la rive droite de l'embouchure du Kroñ-Biyuh, quatre huttes rectangulaires (bumoñ), de 4 mètres sur 6 mètres environ, en tiges de bambou, dont la toiture est en feuilles de palmier et les parois, en nattes de bambou tressé, garnies d'herbes vertes. Deux entrées sont pratiquées dans la cloison la plus étroite, à l'est et à l'ouest de la hutte. Le plus souvent l'entrée ouest est fermée.

Dans la première hutte quatre prêtres Kaphir ou brahmanistes sont réunis. L'un d'eux officie pendant que les autres l'assistent. L'officiant s'assied par terre, à gauche de la hutte, près de l'entrée ouest, face à la mer; il a devant lui, à droite, le baganrac ou plateau du sacrifice découvert où sont rangés les menus objets du culte; à gauche, une feuille de bananier supporte des figures en pâte de riz. En avant du baganrac, et à droite, sur une claie rectangulaire, est placé un lit de sable. Le baṣaih y dessine avec de la farine de riz une figure de tortue, puis il sort, son bâton à la main, et se purifie avec de l'eau. Son chignon conique est coiffé d'une calotte; il porte une mitre blanche à dessins rouges et bleus, retenue par deux bandelettes nouées qui pendent sur ses épaules; sa main droite est garnie du khak má, large anneau de ralañ[1] qui embrasse les quatre doigts; à son annulaire droit, il a le kārak, bague de ralañ tressé, il tient dans la main droite le ralañ mū, écheveau de brins de ralañ en forme d'S. Il dépose souvent le ralañ mū pour jeter quelques grains de riz ou du bois d'aigle sur un petit brasier placé auprès de lui. Il fait des aspersions d'eau vers le nord-est (eṣan) à l'aide d'un bouquet de fleurs de dadjak (*Conyza Indica*) piqué dans un vase d'étain

---

1. *Saccharum spicatum*, Linn.

à col étroit ou galaih. De temps à autre, l'officiant claque des doigts, frappe dans ses mains, fait des mouvements d'ailes. Il fait ensuite adhérer un cierge sur le bord de la claie qui supporte le sable et la feuille de bananier chargée de boulettes de riz. La voix du prêtre qui, assisté d'un confrère, lit en chantonnant le rituel de la cérémonie, est fréquemment couverte par les sons tantôt graves, tantôt aigus qu'un assistant tire d'un ṣaṅ, conque marine à embouchure de cire.

Dans la seconde hutte, les offrandes de pièces d'étoffe de coton qui serviront aux vêtements des prêtres, de riz, de gâteaux, de bananes, de cannes à sucre, de bétel, de tabac, d'alcool, d'eau et de feu, sont placées dans des vases contre lesquels on applique un cierge. A droite de la hutte, se tient un mödvön qui frappe sur un baranöṅ « tambour plat à une face » ; à gauche, un joueur de kañik « violon à deux cordes ». Devant les offrandes une vieille kaiṅ yaṅ exécute une danse au son du kañik, du tambourin et du ṣaranai « clarinette », dont joue un homme placé près du violoniste. La kaiṅ yaṅ, vêtue de blanc, les cheveux serrés dans un turban rouge, tient un mouchoir rouge dans la main gauche, de la main droite elle agite un éventail. La deuxième hutte n'a qu'une porte ouverte à l'est près de laquelle un homme confectionne, avec la chair d'un chevreau sacrifié le matin et bouilli dans une chaudière, un hachis peu ragoûtant. La musique cesse ; la kaiṅ yaṅ dispose des offrandes de pâte de riz grise ou jaune sur un plateau, elle se tourne vers la mer, et la musique se fait de nouveau entendre. La kaiṅ yaṅ recommence gravement à danser en présentant chaque plateau d'offrandes à la divinité qui est censée se tenir près des rouleaux de toile dressés. L'officiante s'assied quand le rite est achevé et la musique se tait tout à fait.

La troisième hutte de feuillage est occupée par un mödvön et une pajâ (à défaut par une kaiṅ yaṅ). Le mödvön se tient à gauche, la prêtresse à droite. Les offrandes, rangées sur des claies de bambou, se composent de tronçons de canne à sucre, de cannes à sucre entières, de riz cuit, d'œufs et de chiques de bétel. Devant la porte de la cabane, (il n'y en a qu'une ouverte à l'est,) un plateau est rempli de figures en pâte représentant des buffles sacrifiés et des hommes dont la chevelure est un flocon de coton blanc. Des pièces de toile, nommées luṃ gaṅ, sont dressées contre la cloison ouest de la hutte de feuillage. Des femmes accroupies à gauche de la porte d'entrée préparent le hachis de chevreau dont j'ai parlé plus haut.

La quatrième hutte est réservée aux Chams Banis ou musulmans qui prennent part aussi à la fête de Pô Ṣaḥ. Leurs imöms (*ar.* اٍمام imam) ou prêtres, au nombre de trois, sont accroupis, sur une estrade peu élevée, dans le fond de la case. Ils sont vêtus de blanc, et portent sous leur turban une rondelle en forme d'assiette plate percée au centre, laissant passer l'extrémité de leur calotte conique. Le turban fortement serré donne assez bien à cette originale coiffure l'aspect d'une toque de juge.

Une étoffe de coton, grossièrement enluminée de files de soldats, de gens apportant des offrandes, de buffles attelés à la charrue et de scènes agricoles est tendue derrière eux. A un moment donné, on présente aux imöms une petite tasse d'eau; ils se lavent la bouche en se tournant vers le fond de la case, la tête couverte d'un linge; puis ils se purifient, en se touchant, avec les doigts trempés dans l'eau, les yeux, le nez, la bouche, les oreilles et le nombril. Les ablutions achevées, les prêtres récitent quelques versets du Coran en commençant par l'invocation : « Au nom de Dieu, clément et miséricordieux. » Des femmes banies préparent dans la case même une nourriture spéciale pour les imöms.

La récitation des prières du côté des kaphirs et des banis

étant achevée, la fête se termine par un repas que les prêtres prennent dans leurs cases respectives et que les fidèles consomment dehors.

Pendant tout le temps que dure la fête de Pô Ṣaḥ, les choses se passent de la même façon, à cette exception près que, le dernier jour, les figures de tortues, de buffles et d'hommes sont jetées à la mer au moment du coucher du soleil.

Diḥ çrvak ou thrvā.

Le diḥ çrvak, « être étendu raide » est une cérémonie qui a pour but d'apaiser les prók, « esprits des enfants mort-nés », soit pour amener la guérison des maladies, soit comme précaution pour conserver la santé. Elle se combine avec celle qu'on nomme dayöp, « crépuscule ».

Après avoir choisi un jour faste, on offre un sacrifice à la nuit tombante dans une cabane de feuillage, construite dans l'enclos de la maison du malade.

Les personnes suivantes, qui ont pris d'abord un bain purificatoire, assistent à cette cérémonie :

Un kathar jouant du kuñi kurā « violon à deux cordes ».

Une çrvak rija ou raja [1] « prêtresse domestique » (litt. : qui se raidit);

Le maître de maison qui demande le sacrifice.

Les offrandes se composent de :

Trois régimes de bananes reposant sur un lit de riz glutineux grillé ;

Cinq feuilles de bétel sont mises dans trois petites boîtes que l'on pose sur les régimes de banane.

On colle ensuite un cierge sur le bord des plateaux de bois

---

1. Le mot rija ou raja signifie à la fois « fête » et « officiante, prêtresse ». Cf. le malais riya « jeu, réjouissance » et le bugi rāja « jour de fête ».

supportant les oblations, et l'on fait fumer dans une cassolette quelques parcelles de bois d'aigle, remplacées le plus souvent par les baguettes d'encens importées de Chine que les Chams nomment gablău bók, « bâtonnets de bois d'aigle ».

Si l'état du malade est grave — et si l'on peut en faire la dépense — on ajoute des poulets, une chèvre, des gâteaux spéciaux de riz glutineux ou pĕi nuñ, mais ces offrandes sont facultatives. Les pĕi nuñ semblent avoir un emploi particulier dont il sera parlé plus loin.

Puis le maître de maison fait passer l'un après l'autre les bananes et le riz dans la fumée de l'encens; le kathar, tout en jouant de son instrument, chante la prière dite ādóḥ daā pamrŏ, « chant invitatoire accompagné », tandis que la çrvak rija, « prêtresse qui se raidit », en face des offrandes, accroupie sur une natte, la frappe en cadence avec une baguette qu'elle tient à la main. Bientôt les mouvements volontaires de la rija sont suspendus, elle tombe à la renverse, la face à peine contractée; on lui jette alors une pièce d'étoffe sur la tête et le chant continue. Elle semble en proie à un sommeil hypnotique troublé par quelques secousses nerveuses.

A ce moment on dispose souvent autour de la prêtresse les gâteaux de riz glutineux, dont il est question plus haut, trois tas à sa gauche et trois tas à sa droite. La çrvak rija reste endormie pendant le temps nécessaire « à la cuisson d'une marmite de riz pour quatre personnes »; le kathar répète sans cesse la formule invocatoire ādóḥ daā pamrŏ.

Ce temps écoulé, la prêtresse se relève en déclarant que les offrandes sont acceptées; elle les goûte et on les partage entre les assistants qui les mangent. Le maître de maison récompense comme il le juge convenable le ministère de la çrvak rija et du kathar dans cette cérémonie, à laquelle on convie un grand nombre d'amis, de voisins et d'habitants.

Dayöp.

Le dayöp, « crépuscule », est la seconde partie de la cérémonie précédente ; il se fait le lendemain, au même lieu et à
la même heure, dans le but de hâter la guérison du malade
en faveur duquel a été célébré la veille le diḥ çrvak. En
réalité ces deux actes du culte se complètent l'un par
l'autre.

Les assistants sont :

Une çrvak rija ;

Un mödvöṇ, ministre officiant qui frappe avec les mains
sur un baṛanöṅ, « tambour plat à une face » ;

Fig. 7[1]

Deux assistants laïques dont l'un joue du ganaṅ, « tambourin » ; et l'autre du ṣaranai, « clarinette à sept trous » :

Le maître de maison, ses parents, ses amis et ses connais-
sances.

1. (1) Kuñi kurā. — (2) Ṣaranai. — (3) Ganaṅ. — Baranöṅ
(réduits au 1/15e).

Tous ces personnages ont pris, préalablement, un bain purificatoire.

Le mödvön prépare :

Trois plateaux de bétel et d'arec sur lesquels on met trois régimes de bananes, et aux bords desquels on applique un cierge ;

Cinq, sept ou neuf poules ou coqs : on ne dépasse jamais ce nombre ; on les fait bouillir et la chair découpée est placée sur du riz glutineux cuit.

La prêtresse et le maître de maison s'agenouillent ; le mödvön accroupi chante une fois la prière ădóḥ daā mödvön, « chant invocatoire du mödvön ».

Après le chant, la prêtresse et le maître de maison se relèvent, les joueurs de ganañ et de saranai continuent la musique, pendant que le mödvön frappe sur son tambour plat. La crvak rija se met à danser, tandis que les assistants battent la mesure avec leurs mains.

Puis la prêtresse s'arrête soudain, le mödvön reprend son chant invocatoire en jouant du baranöñ ; la prière terminée, la prêtresse recommence à danser et ainsi de suite jusqu'à trois fois.

Enfin les offrandes sont partagées entre les assistants.

Aucun sacrifice d'actions de grâce n'est célébré après la guérison du malade.

[Hamü cañrov[1].

Un sacrifice agraire a lieu avant d'entreprendre le labour de la rizière. Chaque propriétaire sait par tradition la

---

1. *Prononcez* tiagnerou. — Cf. J. G. Frazer, *Golden Bough*, 2ᵉ éd., Londres, 1900, 3 vol. in-8°, et *Some records of Malay magic by an eye-witness* by W. W. Skeat, dans *Journal of the Straits Branch of the Royal Asiatic Society*, Singapore, july 1898, in-8°.

rizière par laquelle il doit commencer : c'est le hamŭ cañrov « rizière consacrée ».

De grand matin ou au déclin du jour, on dispose sur une natte, placée dans un coin du champ, deux œufs, une tasse d'alcool et trois feuilles de bétel. On invite ensuite le Pô Olvaḥ Tā Alā, « dieu d'en dessous », — sur lequel il est impossible d'obtenir quelque chose de précis — sans employer de formule rituelle, on demande seulement au dieu d'accorder une bonne récolte. Puis prenant le manche de la charrue, on trace un sillon en faisant trois fois le tour de la rizière.

Les offrandes sont consommées sur place et le labourage est libre.

Hamŭ Tābuñ[1].

Une rizière est déclarée tābuñ « interdite » quand des gens ou des animaux meurent ou sont gravement malades après avoir travaillé dans cette rizière, mais il faut que les premiers symptômes du mal aient été ressentis dans la rizière même.

On ignore la cause de cette malédiction à laquelle il n'y a point de remède ; on se contente de vendre le champ à vil prix à des Annamites chrétiens, les Annamites buddhistes redoutant eux-mêmes le mystérieux interdit.

FUNÉRAILLES ET CRÉMATION

Quand les cérémonies longuement décrites dans les Rituels funéraires ont été accomplies, les baṣaiḥ s'occupent de cons-

1. Ce mot est évidemment apparenté au mot tabou (taboo, tabu ou tapu), « sacré », commun aux différents dialectes polynésiens, et qui désigne tout un système d'interdictions religieuses. Voir l'article : *Taboo*, de Frazer, in *The Encyclopædia britannica*, 9ᵉ éd., 1888, t. XXXIII.

truire un énorme catafalque[1], orné de figures d'animaux et de fleurs en papier doré où l'on dépose le cadavre enveloppé de ses suaires.

Les porteurs vêtus de blanc se tiennent prêts à remplir leur office. Les baṣaiḥ, les camenëis, les kathars, les mödvöns et les pajå, en robe blanche, tenant à la main le hataṃ[2] garni de cinq cierges, se massent autour du catafalque. Un baṣaiḥ fait un signe et plusieurs musiciens ouvrent la marche, suivis de pleureuses en tunique et jupe blanches, la tête couverte de longs capuchons blancs tombant jusqu'aux pieds. Les habitants du village du mort, une ceinture blanche nouée sur leurs vêtements, portant des drapeaux, des sabres ou des lances, grossissent le cortège qui s'avance à pas lents. De temps en temps les porteurs font tourner le catafalque, marchent obliquement, de manière à faire prendre les positions les plus diverses au cadavre, afin de dérouter l'âme du mort et l'empêcher de retourner dans sa maison.

Arrivés à l'endroit où le corps doit être brûlé, les baṣaiḥ s'arrêtent, donnent quelques coups de pioche aux quatre coins du terrain choisi, et laissent aux assistants le soin d'enlever les herbes et de préparer le bûcher, auprès duquel on place quelques bouquets de ralaṅ[3] (*Saccharum spicatum*, Linn.).

Le mort est ensuite déposé sur le bûcher, qui peut être fait de n'importe quel bois, avec ses armes, ses vêtements et ses bijoux. On lui sert alors un dernier repas, c'est-à-dire qu'à l'aide d'un glaive on lui introduit quelques grains de riz sous la langue, et, après que ses femmes, ses parents

---

1. Ce catafalque rappelle tout à fait le nhà vàng ou Maison d'or des Annamites, sorte de construction où l'on place le mort jusqu'au moment de l'enterrer.
2. Long bâton qui sert de porte-cierge.
3. Cette graminée est constamment substituée au kuça indien.

et ses serviteurs se sont prosternés pour le saluer une dernière fois, on lui recouvre la tête, puis le feu est mis au bûcher
sur lequel les prêtres placent leur hatam garni de cierges.

Pendant que tout se consume, un homme, qui porte
pour la circonstance le nom de Pô Damön ou Maître des
regrets, demeure au domicile mortuaire qu'il charge d'imprécations; il adjure ensuite le défunt de ne pas revenir
tourmenter sa famille. La crémation achevée, les parents du
mort offrent un repas aux assistants après avoir demandé au
Pô Damön la permission rituelle de réintégrer leur maison.

Après l'incinération on recueille la portion centrale du
frontal (thĕi) et on la brise en neuf parcelles de la dimension
d'une sapèque, c'est là ce qui constitue les *os nobles*. Les
neuf parcelles sont enfermées dans une boîte d'or, d'argent
et plus souvent de cuivre dite kloñ. On l'enterre au pied d'un
arbre, en prenant la précaution de laisser une pierre quelconque qui servira de point de repère.

A chaque anniversaire, on vient reprendre la boîte pour
l'apporter à la maison et offrir un sacrifice. Celui qui est
célébré au premier anniversaire s'appelle Pathĭ, les autres
Patrip. Toute la famille se réunit pour offrir un sacrifice aux
mânes : le başaiḥ qui a fait procéder à l'incinération y
assiste. On ne récite aucune prière, on se borne à faire quelques gestes rituels.

Le premier sacrifice ou pathĭ se compose de quatre poulets,
de poissons et d'un plateau de gâteaux.

Les sacrifices suivants, jusqu'à sept, comportent les mêmes
offrandes auxquelles on ajoute une chèvre. La septième
année, la boîte est placée pour toujours dans le cimetière de
famille dit çañ muk kĕi ou maison des ancêtres, sorte de
petit enclos que l'on doit mettre à proximité de la plus riche
rizière possédée par la famille. On y plante un ou plusieurs
arbres.

Les kloñ des hommes sont enterrés de côté du levant, ceux des femmes du côté du couchant. On doit toujours commencer par enterrer à la fois une boîte d'homme et une boîte de femme. Il faut donc souvent attendre avant de procéder à l'inhumation d'un kloñ dans un cimetière neuf. Pendant tout ce temps, la boîte reste dans sa sépulture provisoire dont elle est sortie tous les ans pour l'accomplissement du Patrip.

Quand une double inhumation de kloñ de gens de sexe différent a été opérée, on enterre au fur et à mesure de la fin des stages septennaux. Au-dessus de chaque boîte on place une pierre tombale ou kut.

Les familles riches offrent tous les ans, et les familles pauvres tous les cinq ou dix ans seulement, un sacrifice aux mânes. Ces sacrifices, qui se font au cimetière, sans exhumation de la boîte, se nomment tābat kut ou adoration des tombes. Ils sont identiques au Patrip, à ceci près qu'on y ajoute un plateau de gâteaux et dix plateaux de riz.

Les jeunes enfants ne sont pas incinérés mais enterrés, ainsi que cela se pratique dans l'Inde; les offrandes à leurs mânes consistent simplement en quelques grains de kamañ ou riz glutineux grillé. Ils habitent le corps des rats palmistes[1], en cham prók, d'où le nom de prók ou de prók patrā qui leur est donné généralement. On leur offre des cocos, des bananes ou du riz pour les apaiser.

BOIS D'AIGLE

Le bois d'aigle ou bois d'aloès, dont il est si souvent parlé dans les rituels chams, était connu dès l'antiquité. La Bible, les papyrus égyptiens, les auteurs grecs, hindous et arabes en font mention. Il entrait dans la composition de plusieurs

---

1. Écureuil palmiste, *Sciurus palmarum* (Rongeurs).

parfums sacrés, et faisait partie des substances odorantes qui servaient à l'embaumement des corps morts. Il passait chez les Arabes pour « réconforter le cœur et les facultés sensitives », le Prophète en brûlait comme parfum mêlé à du camphre. Dans l'ancienne médecine c'était un spécifique des affections goutteuses et rhumatismales.

Les noms qu'on lui donne en hébreu, אהלות ahālot, et en arabe اغالوحى aghāluḥy, ne sont pas plus sémitiques que le mot ἀγάλλοχον n'est grec ; ils paraissent tous tirés d'un nom indigène asiatique qu'il serait bien difficile de déterminer, voisin sans doute du sanscrit agaru ou aguru, et qu'on peut rapprocher de gahlâ (*pron.* galao), en cham, bois d'aigle.

Le nom du *bois d'aigle* est dû non à sa ressemblance avec le plumage d'un aigle, suivant la plaisante explication que Yule et Burnell lurent quelque part, mais vraisemblablement à un contre-sens. Il est probable que les premiers Portugais qui eurent à s'occuper de cette denrée se bornèrent à la désigner par son nom arabe, aghāluḥy, ou malayālam, agila ; d'où *páo de aguila* « bois d'aguila ». Cette expression passa en latin sous la forme de *lignum aquilae* et fut traduite dans les langues modernes par *bois d'aigle*, *eagle-wood*, *Adlerholz*, etc.

La Relation des voyages faits par les Arabes et les Persans, le voyageur Barbosa, Camoëns, Rumphius, s'accordent à dire que le meilleur bois d'aigle vient du Campā. Cette rare substance faisait partie des présents qu'on offrait aux rois d'Annam et sa recherche donnait lieu à des cérémonies spéciales[1].

Au point de vue botanique ce bois est d'une couleur brun foncé à la surface, il est d'un jaune pâle à l'intérieur et montre d'une manière bien marquée de gros vaisseaux contenant une matière résineuse d'un blanc grisâtre. Sur la

1. Voy. plus loin.

coupe transversale, ces vaisseaux forment des points blancs; sur la coupe longitudinale, de longues stries de même couleur, régulièrement parallèles entre elles. L'odeur du bois d'aigle est légèrement résineuse et aromatique, sa saveur est amère et parfumée[1].

Le bois d'aloès (*Lignum aquilinum*, *L. aquilariae*, *L. agallochum*, *L. aspalathi*) est produit par l'*Aquilaria secundaria* (D. C.) ou l'*Aquilaria malaccensis* (D. C.), plante de la famille des Aquilarinées. Loureiro l'attribuait à l'*Aloexylum agallochum* et Roxburgh à l'*Aquilaria agallocha*.

Suivant les Chams, le bois d'aigle se trouve dans l'arbre gahlå[2] (*ann.* cây dó bâu, *Aloexylum agallochum* ou cây dó, *Aquilaria agallocha*, des Aquilarinées).

Ils distinguent dans le bois de cet arbre :

1° Des excroissances ligneuses ou loupes sursaturées d'essence qui, en s'oxydant à l'air, acquièrent toutes les propriétés des résines. On les appelle en cham gahlå möñök, « huile de bois d'aigle ».

2° Autour des loupes des parties moins riches en huile ou gahlå uthar, « bois d'aigle ponctué ».

3° Des parties presque dépourvues d'huile, situées à la périphérie et qu'on nomme gahlå bók, « bois d'aigle injecté ».

Les Annamites ne font pas de différence entre ces deux dernières espèces de bois d'aigle qu'ils appellent tram.

Le bois d'aigle qu'on jette en petits morceaux dans le feu au cours des cérémonies religieuses est du gahlå bók.

RECHERCHE DU BOIS D'AIGLE[3]

Depuis que l'Annam est placé sous le protectorat de la

---

1. Planchon, *Détermination des drogues simples*, t. II, p. 84.
2. Ou gahlău ou gahluṅ.
3. Voy. aussi les Prières de la recherche du bois d'aigle.

France, les Chams ne paient plus à l'empereur d'Annam le tribut du bois d'aigle auquel ils étaient astreints depuis un temps immémorial. Chacun est libre maintenant de se procurer s'il le peut la précieuse essence, mais en fait les Chams chercheurs sont toujours les mêmes ou ont été initiés par leurs prédécesseurs à la tâche délicate, remplie de difficultés, réclamant le concours d'un œil exercé, de reconnaître, au milieu des innombrables variétés d'arbres de la forêt tropicale, l'arbre à bois d'aigle souhaité.

La Recherche du bois d'aigle était faite autrefois par le Pô Gahluṅ, Gahlǎ ou Gahlǎu, « seigneur du bois d'aigle », mandarin cham, chef du village musulman de Palĕi Bālap ou Balam [1], à 10 kilomètres nord de Phan-Rang. Il s'adjoignait une troupe de seize kañi ou kuñi, « chercheurs de bois d'aigle », chargés de surveiller les Uraṅ Glai ou Raglai [2], « hommes des bois », tribus de sauvages de la montagne parlant un dialecte cham, commandés par leur Pǎvak ou chef, qui servaient d'indicateurs et prenaient part à la récolte du bois d'aigle.

Avant de faire entreprendre la recherche du bois d'aigle, les baṣaiḥ offrent un sacrifice aux divinités particulières de chacune des *tours* [3] chames (kalan) de la vallée de Phan-Rang. Le sacrifice est offert sous un bumoṅ ou pāmoṅ, « hangar recouvert de feuilles ».

Les divinités des tours chames de la vallée sont :

Pô Kloṅ Garai (sur le territoire du village annamite de Dac-Nhơn);

---

1. *En ann.* Bå lập ou An nhơn.

2. Ces sauvages ne savent pas écrire; ils se servent de cordelettes nouées, analogues aux *quipos* des anciens Péruviens et Mexicains, pour noter les faits importants et se transmettre leurs pensées.

3. Les Européens désignent sous ce nom les anciens temples en brique ornés de sculptures des Chams d'autrefois.

Pô Romé (sur le territoire du village cham d'Han-Sanh);

Pô Nögar (sur le territoire du village annamite de Mông-Đưc);

Pô Nögar hamū Kut (sur le territoire du village annamite de Phưong-Chim).

L'offrande se compose d'un bouc ou d'une chèvre, de cinq tasses de riz cuit, de dix œufs et d'un bouillon fait avec les os du bouc ou de la chèvre.

Le sacrifice doit être célébré un des trois jours fastes (harĕi çjam) de la semaine. Ce sont :

Harĕi adit, premier jour de la semaine chame ;
> — but, quatrième — —
> — şup, sixième — —

Ces sacrifices offerts, les chercheurs se mettent en route sous la conduite du Pô Gahlâ et du Pāvak. Un silence religieux est observé pendant tout le temps que dure la recherche du bois d'aigle. Chams et Raglai croient que s'ils parlaient le bois perdrait son parfum.

Les chercheurs de bois d'aigle employaient, paraît-il, un langage conventionnel. J'ai parlé à différentes reprises au Pô Gahlâ Kĕi, de Balap, de ce jargon, rappelant beaucoup le bhasa hantu[1], « langue de l'Esprit », des Malais, mais Kĕi m'a toujours affirmé qu'il n'existait pas ou avait disparu depuis fort longtemps. En dehors de l'expression cjem'côn, « l'oiseau qui pique », pour désigner la hache (en cham, jón), et des quelques mots que rapporte M. Aymonier[2], il est probable que ce langage se réduisait à l'emploi de certains mots empruntés aux dialectes des peuplades sauvages de la montagne par les chercheurs chams, pour se faire mieux comprendre de leurs auxiliaires.

1. W. W. Skeat, *Some records of Malay magic...*, p. 21.
2. « Ainsi le feu devient *le rouge*, la chèvre est *l'araignée*, etc.» (Aymonier, *Les Chams et leurs religions*, p. 74.)

Quand la récolte du bois d'aigle était terminée, on faisait sur la montagne une offrande à Pô Bjā Binön ou Nön, espèce d'hamadryade protectrice du bois d'aigle, et à Pô Thău qui en est la divinité gardienne. Au retour de l'expédition les chercheurs offraient comme ci-dessus un sacrifice à chaque groupe de tours chames. La cérémonie était close par le sacrifice d'un buffle.

J'ajouterai enfin qu'en dehors de son emploi dans les cérémonies religieuses, le bois d'aigle mêlé au gingembre et pris en décoction, est considéré par les Chams comme un excellent spécifique des maladies d'intestins.

USTENSILES DU CULTE

Les ustensiles du culte sont assez nombreux ; voici les principaux :

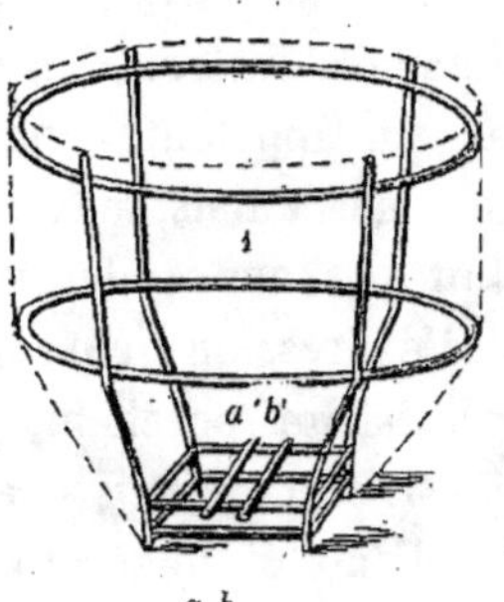

Fig. 8[1].

1° Le balaṅgöḥ (*pron.* balángœû) est « l'arche du feu sacré » ; il ne peut être touché que par les baṣaiḥ. C'est une cage

1. (1) Balaṅgöḥ (hauteur : 1 mètre).

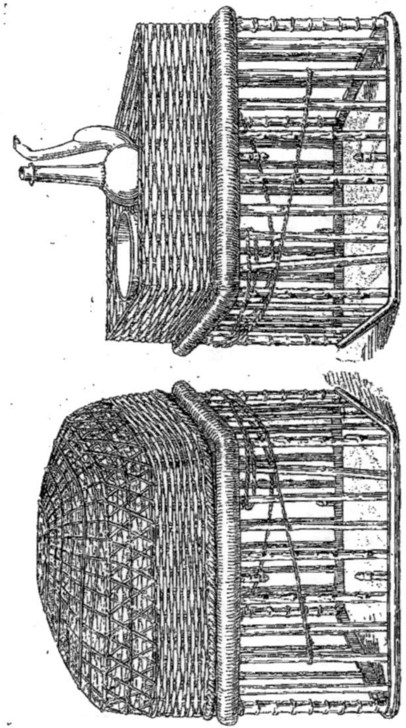

Fig. 9. — Baganrac « plateau sacrificiel »; sorte d'autel portatif en bambou tressé[1].

1. C'est le corps du Pô Debata Çvor et la demeure des nôbis (prophètes) Adam, Yönnök et Yönnuḥ. Le barreau du milieu, à chaque face, coupé et arrondi à son extrémité, est peut-être une représentation du liṅga.

légère, haute de 1 mètre environ, formée de quatre lames de bambou coudées à la base qui s'appuient aux angles d'un petit panier carré de bambou tressé, ou hatuk cjöt[1] (= panier à préparer le riz). Les lames de bambou supportent à la moitié de leur hauteur et à leur extrémité supérieure deux cercles également en bambou. Toute cette armature est recouverte d'étoffe blanche flottante, traversée d'une écharpe rouge. Un morceau rectangulaire d'étoffe rouge de 0^m,20 de longueur est posé sur le devant de l'appareil.

Sur les rebords de l'hatuḥ cjöt reposent deux petits bâtonnets en bambou $a\,a'\,b\,b'$: au point de croisement on plante un cierge et un autre en un point quelconque de la rainure formée par les deux bâtonnets. Le fond du panier est garni de riz blanc *cru*.

Cet instrument s'emploie maintenant aux sacrifices offerts pour l'ordination des prêtres. Il servait, jadis, au sacre des rois.

2° Le baganrac (*pron.* bagan'rail), sorte de cage à trente-deux barreaux, rectangulaire ou en forme de violon, dont la partie supérieure munie d'un rebord et surmontée d'un couvercle mobile, renferme la burette à aspersions, les coupes, les godets à sel, la boîte à farine pour les figures magiques rituelles[2], la conque sacrée, le chapelet, etc. Dans les cérémonies on enlève le couvercle, le baganrac sert alors de plateau pour ranger les divers objets du culte.

3° Le hābók est un vase de cuivre dans lequel on met l'eau offerte aux divinités, l'eau lustrale ou le bétel. C'est le kuṇḍa hindou.

4° Le bap ou bak est une petite cuiller de plomb dont on se sert pour verser l'eau de purification.

---

1. *Prononcez* : hatou' tieutt.
2. Les prêtres tracent fort habilement avec un peu de farine qu'ils tiennent entre le pouce et l'index des dessins très réguliers.

5° Le cavan (*pron*. tiavane) est une coupelle de zinc pour le

Fig. 10[1].

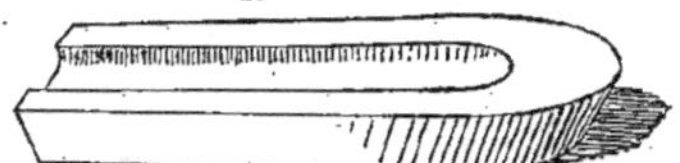

Fig. 11. — Bap *ou* bak.

Fig. 12[2].

riz blanc et le riz grillé (kamań) du sacrifice. Koça hindou.

6° Le thoń est une boîte de bois peinte en rouge qui, du-

1. (1) Hābók. — (2) Baṣaḥ. — (3) Billes de plomb. — (4) Kalaiḥ. — (5) Cavans. — (6) Boîte pour le riz pulvérisé. — (7) Ṣań.
— (8) Autre Kalaiḥ. — (9) Bap. — (10) Rituel sur olles.
2. (1) Cavan (haut. : 3 cent., diam. : 4 cent.). (1) Hābók (haut.
3 cent. 5 ; diam. : 8 cent. 5).

rant le sacrifice, sert à porter les offrandes sur son couvercle. En dehors de cet emploi, il sert à renfermer de menus objets du culte.

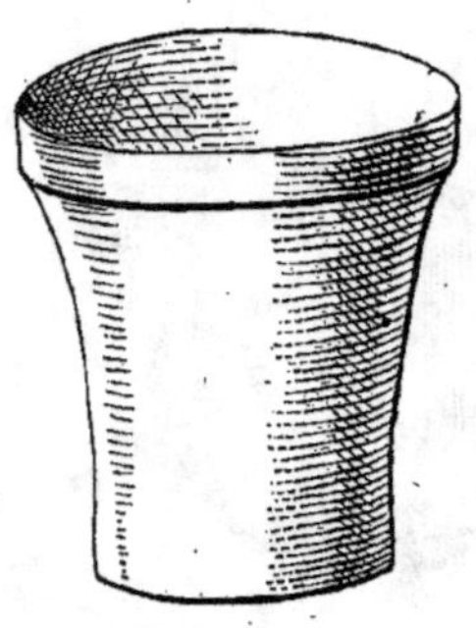

Fig. 13[1].

7° Le ṣop est une cuiller à libations dont le manche évidé, représentant un serpent dévorant un buffle, est terminé par un godet.

Fig. 14[2].

8° Le kalaiḥ (*skt.* kalaça), aspersoir; burette d'étain dans laquelle on pique le bouquet d'aspersion.

9° Le baṣaḥ (*ar.* سبحة sabḥa?), chapelet à gros grains terminé par un liṅga. Le baṣaḥ des prêtres chams est ordinairement en verroterie, j'en ai cependant vu un composé de baies de l'*Elaeocarpus Ganitrus* et venant probablement de l'Inde.

10° Le ṣaṅ (*skt.* çaṅkha) est la conque sacrée des Chams.

1. Thoṅ (haut. : 35 cent.).
2. (1) Ṣop (longueur : 25 cent.).

C'est une grande coquille marine (*Turbinella rapa*, Lmk.),
percée à son extrémité et munie d'une embouchure de cire.

11° Le ralaṅ hamū, faisceau de brins de ralaṅ[1] en forme

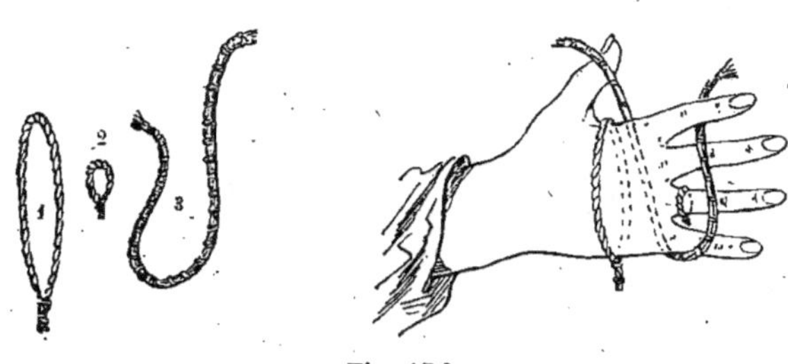

Fig. 15 [2].

d'S retourné (2), que les prêtres chams tiennent à la main
pendant le sacrifice.

12° Le khak mả est un grand anneau elliptique qui se
compose de trois brins de ralaṅ tressés ensemble; il se met
autour de la main droite, à la base des doigts, le pouce laissé
en dehors.

13° Le kārah est une petite bague faite de trois brins de
ralaṅ tressés ensemble que le prêtre porte à l'annulaire.

14° Le kaṅom est la mitre des prêtres chams; elle est

1. *Saccharum spicatum*, Linn. (Graminées). Cette plante
remplace dans tous les actes religieux le kuça des Indous (*Poa
cynosuroides*, Linn.), substitution tolérée par les Çāstras qui per-
mettent encore d'employer les graminées suivantes : la dūrvā
(*Panicum dactylon* ou *Cynodon dactylon*, Pers.); le darbha (*Im-
perata cylindrica*, Beauv. ou *Saccharum cylindricum*, Lamk.), le
kāça (*Saccharum spontaneum*, Linn.). L'herbe kuça, qui nettoie
et purifie tout ce qu'elle touche, est employée dans l'Inde dans
tous les rites sacrificiels. Roulée autour des doigts, elle rend la
main apte à accomplir les rites les plus solennels.

2. (1) Khak mả. — (2) Karah. — (3) Ralaṅ hamū (réduits au
1/6e). — (4) Main du sacrifiant munie du ralaṅ hamū, du khak mả
et du karah.

ornée de deux bandelettes ou fanons qui pendent par derrière[1].

Fig. 16. — Cérémonie au temple de Pô Kloṅ Garaï, à Phan-Rang[2].

1. Celle que j'ai pu voir à Phan-Rang ressemble beaucoup à la
mitre de Thomas Becket, archevêque de Cantorbéry (XIIe s.),
figurée dans le *Dict. de Vorepierre*, t. II, p. 440.

2. (1) Pajâ. — (2) Mödvön. — (3) Offrandes. — (4) Liṅga
figure habillé. — (5) Hābók. — (6) Offrandes. — (7) Cavans. —
(8) Eaux lustrales. — (9) Pô Ahdja. — (10) Camenĕi.

15º Le Gai ȷröṅ amoṅ, ou bâton des prêtres chams.

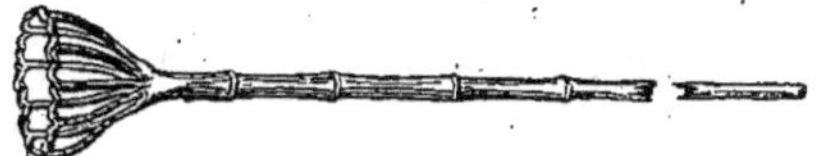

Fig. 17[1].

Il existe encore quelques accessoires du culte, dont il me paraît inutile de parler, car ils entrent dans la catégorie des objets usuels : ce sont des brasiers, des réchauds, des vases plats plus ou moins grands en forme d'assiettes ou de petites coupes évasées, un glaive recourbé à manche court qui sert dans les cérémonies funèbres à diviser le riz, etc.

EAUX LUSTRALES

Les Chams emploient dans les cérémonies trois sortes d'eaux lustrales.

Ce sont :

1º L'eau de bois d'aigle : Iȷa gahlă[2];

2º L'eau de citron : lȷa krvöc[3];

3º L'eau de mū[4] : Iȷa mū.

Les deux premières sont préparées en râpant finement les bois dans l'eau. Grâce au principe résineux qu'ils contien-

1. Gai ȷröṅ amon (haut. : 2 mètres).
2. *Prononcez* : Iéa galao.
3. *Prononcez :* Krouot[ien]. *Citrus acida*, Hort., Rutacées.
4. En annamite cát lôi « sable qui sort de terre », nom qui me paraît tout à fait bien choisi. C'est un dépôt formé en majeure partie par du carbonate de chaux, laissé par une source incrustante, près du village cham de Palĕi Baplom, aux environs de Phan-Rí. La matière que j'ai pu examiner est en fragments de grosseurs diverses, de coloration gris blanc, assez durs. Elle est presque entièrement soluble dans les acides dilués avec dégagement abondant d'acide carbonique.
Après dissolution le liquide contient :

nent, l'eau présente bientôt un aspect blanc et laiteux. L'eau de bois d'aigle sert pour les aspersions et l'eau de citron à blanchir la face du mukha liṅga à Phan-Rang. On prépare la troisième eau lustrale avec la substance mŭ qui, délayée dans l'eau, mousse comme le savon.

GESTE RITUEL DE CLOTURE

Les sacrifices et les cérémonies religieuses des Chams se terminent tous par un geste rituel, rappelant les mudrās hindous, que le prêtre exécute en touchant d'abord avec l'index de la main droite la base du pouce de cette main, puis avec ce pouce ainsi purifié, toutes les phalanges des autres doigts en répétant à plusieurs reprises, l'ordre des syllabes étant chaque fois interverti, l'invocation bien connue :

Nŏmŏḥ ṣibāya, en sanscrit : Namaç çivāya;

HOMMAGE A ÇIVA !

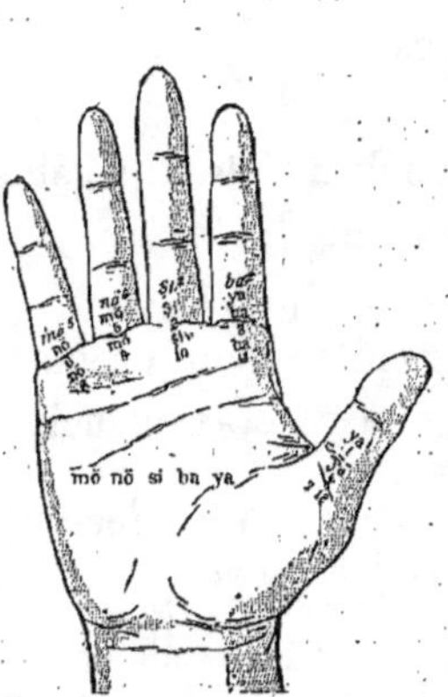

Fig. 18.

Beaucoup de chaux;
Un peu de magnésie;
Des traces de fer.
Le résidu insoluble est constitué à peu près exclusivement par de la silice.
En résumé : c'est un dépôt laissé à son émergence ou au voisinage par une source incrustante.

Fig. 19. — Famille chame du Cambodge.

NOTES ANTHROPOLOGIQUES

Les Chams constituent une race à part, ils diffèrent beaucoup des Annamites. Alors que ces derniers sont petits (1^m,59 en moyenne), les Chams atteignent parfois la taille de 1^m,70, dépassant un peu celle des Cambodgiens. Les femmes, assez gracieuses, sont bien plus petites que les hommes ; on en rencontre parfois quelques-unes d'une taille particulièrement exiguë.

La couleur de la peau des Chams varie du brun foncé au brun rouge clair. Le teint des femmes est ordinairement moins foncé. Les mains n'ont pas l'étroitesse qu'on remarque chez les Annamites et les pieds s'élargissent au niveau des orteils. La peau, très douce au toucher, est mate, excepté sur la face où elle est souvent luisante, sans atteindre le poli particulier à la race nègre ; elle paraît chez les enfants recouverte d'un léger duvet, et semble cuivrée dans la paume des mains et sous la plante des pieds.

Les cheveux des Chams sont fins, cassants, volent au vent. Ils recouvrent à peine les tempes et varient du noir-corbeau au châtain très foncé. Ils sont parfois ondulés (particularité observée aussi chez quelques Annamites), mais jamais frisés.

La barbe est rare, comme chez tous les Indo-Chinois, cependant j'ai vu quelques Chams dont la moustache et la barbiche étaient bien fournies. Le type cham au Cambodge, grâce à des alliances fréquentes avec les Malais et les Cambodgiens, est légèrement modifié, sans cependant différer notablement de celui des Chams de l'Annam qui ne se sont guère mêlés aux Annamites. Les Chams des deux pays sont mieux musclés, plus dégagés, plus souples que les Annamites dont ils n'ont pas les membres grêles, le nez trop large du haut et la tête volumineuse. Les parties molles de la ré-

Fig. 20. — Village cham de Chrôy-Chongva, près Phnôm-Penh (Cambodge).

gion postérieure du bassin sont très développées; le dos fortement ensellé, plus encore chez la femme que chez l'homme. L'œil est droit, grand et franc, les sourcils épais légèrement arqués. La tête est bien proportionnée, le crâne sous-dolichocéphale; le profil est droit, la face plus large que haute. Pleine chez l'enfant, elle devient osseuse à l'âge adulte. Les lèvres ne sont pas trop épaisses, ni la bouche trop grande.

Les remarques fort justes du Dr Reynaud sur le profil de la face, qui est presque aussi droit que chez les Européens, sur le teint de certains sauvages et Chams qui se rapproche sensiblement de celui des Européens hâlés, sur leurs lèvres qui rappellent beaucoup les nôtres, sur la tendance de quelques-uns d'entre eux au double menton, font penser qu'ils sont tout à fait étrangers à la race mongole. Les Chams — comme les Malais — sont les Asiatiques qui présentent physiquement le plus de ressemblance avec les Européens. Venus de Java, ils appartiennent à la grande famille malaise avec laquelle ils ont des affinités incontestables de langage, de mœurs et de coutumes.

REMARQUES LINGUISTIQUES

LANGUE

Le cham est un rameau du malais qui se distingue comme lui par l'invariabilité des mots, la présence d'affixes, de préfixes, d'infixes et de suffixes permettant de varier à volonté le sens des racines et de les transformer en substantifs, verbes actifs ou passifs. C'est une langue mixte dont le fond surtout malais, rempli de mots qui se retrouvent dans les langues malayo-polynésiennes (javanais, sundanais, bugi, batak, balinais, awaiama, mala, murua, etc.), foisonne d'éléments communs aux langues khmère, annamite et chinoise et à celles des peuplades « sauvages » de l'Indo-Chine (Churus [*pron.* Tiourous], Sedangs, Bahnars, Jarais, Kantchos, Rodaih, Mons, etc.), sans compter un fort contingent de mots sanscrits et arabes introduits avec le brâhmanisme et l'islamisme [1].

Les éléments malais conservent parfois en cham leur physionomie propre, mais subissent le plus souvent les changements suivants :

L'*a* malais devient *ŏ*. Ex. :

Malais.	Cham.	
m*a*ta	mŏta	*œil.*
m*a*ḥ	mŏḥ	*or.*
r*a*but	rŏpuk	*orage.*

1. A part quelques différences dialectales dues à l'influence du khmer et de l'annamite, on peut dire que le cham se parle et

L'*i* malais devient *ai*, *ĕi* ou *vĕi* :

Malais.	Cham.	
kak*i*	tak*ai*	*pied.*
mat*i*	möt*ai*	*mort.*
gig*i*	tagĕi	*dent.*
lak*i*	lakĕi	*garçon.*
ap*i*	apvĕi	*feu.*
babi	pabvĕi	*cochon.*

La sonore malaise se change en sourde :

Malais.	Cham.	
*b*jas	*p*jöḥ	*legs.*
*b*uk	*p*ök	*croûte.*
ri*b*ut	rö*p*uk	*orage.*

La sourde malaise devient sonore :

Malais.	Cham.	
*p*erak	*b*arad	*mercure.*

Les sourdes s'échangent :

Malais.	Cham.	
*k*aki	*t*akai	*pied.*
*k*anan	*t*anön	*bras.*
*k*ebal	*t*chal	*tête.*
*g*igi	*t*agĕi	*dent.*

Le son *s* malais se change en *ç* :

Malais.	Cham.	
na*s*i	la*ç*ĕi [1]	*riz.*
bā*s*i	ba*ç*ĕi	*fer.*
ru*s*a	ra*ç*a	*cerf.*

s'écrit partout de la même manière; il ne faut donc guère tenir compte des expressions dalil « langue ancienne, sacrée », et bani « langue musulmane » que les indigènes appliquent à des mots étrangers dont ils ignorent l'origine.

1. Noter aussi le changement de *n* en *l* : *n*açi et *l*açĕi.

La sifflante dentale *s* malaise se change en l'aspiration *h*;
ṅ = ṃ cham :

Malais.	Cham.	
sataṅ	halaṃ	*bâton.*
satu	hudoṃ	*quelque.*
samū	hamū	*rizière.*
saroṅ	haruṃ	*enveloppe.*
salin	halin	*changer.*
sulaḥ	hela[ḥ]	*chauve.*

L'apocope et l'aphérèse sont fréquentes en cham :

kók	pour	akók	*tête.*
ciṅ	—	kaciṅ	*bouton.*
ra	—	uraṅ	*homme.*
lan	—	bulan	*mois, lune.*

Les voyelles de la première syllabe d'un mot sont indiffé-
remment *a, i* ou *u* :

takuḥ		*ou*	tikuh	*rat.*
bamoṅ, bimoṅ		*ou*	bumoṅ	*temple de feuillage.*
balan,	bilan	*ou*	bulan	*mois, lune.*

Les éléments sanscrits sont fort nombreux; en voici
quelques-uns :

Cham.		Sanscrit.	
pur	=	pūrva	*est.*
dak	=	dakṣiṇa	*sud.*
pai	=	paçcima	*ouest.*
ut	=	uttara ».	*nord.*
agriḥ	=	āgneya	*sud-est.*
nailati	=	nairṛtya	*sud-ouest.*
bāyóp	=	vāyavya	*nord-ouest.*
eṣan	=	aiçana	*nord-est.*
adit	=	āditya	*soleil.*
nŏgar	=	nagara	*ville, civitas.*

Cham.		Sanscrit.	
nöçăk	=	nakṣatra	*année.*
mötri	=	mantrin	*conseiller, ministre.*
mödhir	=	mandira	*palais.*
rūp	=	rūpa	*forme, visage*, etc.

Parmi les emprunts faits à l'arabe, on peut signaler :

Burahim	=	ابرهيم	*Ibrahim.*
dunja	=	دنيا	*le monde actuel.*
imöm	=	إمام	*imâm.*
katan	=	ختان	*circoncision.*
katip	=	كاتب	*lettré de mosquée.*
mögit	=	مسجد	*mosquée.*
nöbi	=	نبى	*prophète.*
Ovlah	=	الله	*Dieu.*
ṣamṣu	=	شمس	*soleil.*
taribak	=	ترباء	*terre, sol*, etc.

Enfin les mots apparentés aux langues malayo-polynésiennes sont en nombre si considérable qu'il faudrait passer en
revue le lexique entier pour noter toutes les ressemblances.
Je me bornerai pour terminer à citer les exemples typiques
suivants :

awaiama : tara *sang*, cham : darah; taniga *oreille*, cham :
tañī.
bugi : lau *noix de coco*, cham : lău; tăke *pied*, cham : takai.
javanais : baña *fleur*, cham : bañū; liman *éléphant*, ch.
limön.
makassar : lau *noix de coco*, cham : lău.
misima : ibohi *fruit*, cham : bóh.
murua : ina *mère*, cham : inö; tegani *main*, cham : tañin;
kaiyau *bois*, cham : kayău.

nala : bula *lune*, cham : bulan.
sariba : kaiwa *bois*, cham : kayău.
toba : ina *mère*, cham : inŏ, etc.

PRINCIPES D'ÉCRITURE ET DE LECTURE CHAMES

L'écriture des Chams se trace de gauche à droite, à la
manière des écritures indiennes et européennes.

L'alphabet des Chams du Cambodge a quatre voyelles,
deux diphtongues et vingt-neuf consonnes proprement dites.
Celui des Chams de l'Annam possède cinq voyelles brèves,
cinq voyelles longues, quatre diphtongues, et deux signes
spéciaux, communs aux deux alphabets, notés au moyen
des lettres ṃ, ḥ qui correspondent à l'anusvāra et au visarga
du sanscrit.

L'écriture chame possède encore un certain nombre de
signes vocaliques qui seront exposés plus loin.

VOYELLES DES CHAMS DU CAMBODGE

Quatre voyelles simples :   a, i, u, e,
Deux diphtongues :   ai, ō,

VOYELLES DES CHAMS DE L'ANNAM

Cinq voyelles brèves :   a, i, u, r̥ö, l̥ö.
Cinq voyelles longues :   ā, ī, ū, r̥ö, l̥ö.
Quatre diphtongues :   e, ai[1], o, au[2].

ṃ (anusvāra). Ex. : aṃ, uṃ.
ḥ (visarga). Ex. : aḥ, uḥ.

1. *Prononcez* : aï.
2. *Prononcez* : aou.

CONSONNES [1]

Gutturales :	k,	kh,	g,	gh,	ṅ.	
Palatales :	c,	ch,	j,	jh,	ñ	(ṅ).
Dentales :	t,	th	d,	dh,	n	(ḍ).
Labiales :	p,	ph,	b,	bh,	m	(ḅ).
Semi-voyelles :	y,	r,	l,	v.		
Sifflantes :	s,	ṣ,	ç.			
Aspirée :	h.					

Alphabet des Chams du Cambodge.

—

VOYELLES

Voyelles initiales.

a   i   u   e   ai   o

Voyelles groupées.

ki   kĕi   ku   kău

ke (ko)   kai   kó (kå)   kóṃ   kaḥ

1. Elles sont communes aux deux alphabets, excepté la sifflante s qui manque à l'alphabet de l'Annam et les sifflantes
ṣ et ç qui ne se trouvent pas dans celui du Cambodge. En récitant l'alphabet on fait toujours suivre la consonne de la voyelle *a* :
ka, kha, ga, gha, etc..., sauf pour ṅ, ñ, n, m, qui s'articulent
respectivement ngueu, gneu, neu, meu. Les lettres entre paren-
thèses sont dites *consonnes ajoutées* parce qu'elles ont été introduites très tardivement dans l'alphabet cham.

Le signe modificateur de la voyelle inhérente des nasales
(ᔔ); l'anusvāra (˙₊ = ṃ), le signe ˘ équivalant à la nasale
gutturale (ṅ), le visarga (ˀ = ḥ) et le virāma (/)[1] qui supprime
la voyelle inhérente, comme en Annam.

CONSONNES[2]

Gutturales :

ka   kha   ga   gha   ṅö

Palatales :

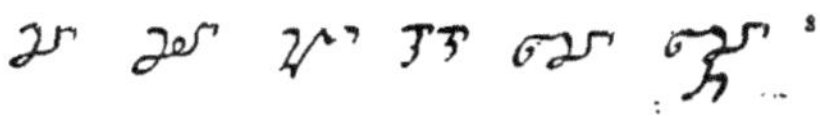

ca   cha   ja   jha   ñö   ña[3]

Dentales :

ta   tha   da   dha   nö   ḍa[4]

Labiales :

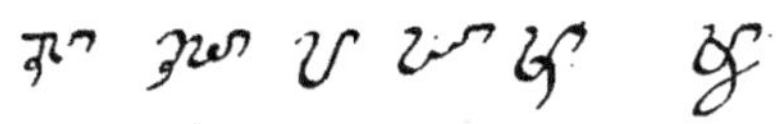

pa   pha   ba   bha   mö   ḅa[5]

Semi-voyelles :

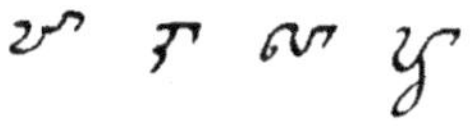

ya   ra   la   va

Sifflante :

sa

Aspirée :

ha

Groupes consonantiques.

kja   kra   kra   kla   kva

1. La croix remplace le caractère qui supporte le signe.
2. Prononciation des consonnes, p. 80,
3. 4. 5. Consonnes ajoutées.

CHIFFRES

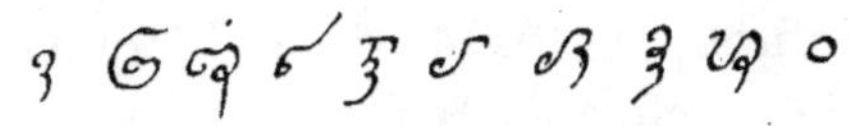

1	2	3	4	5	6	7	8	9	0

Autre écriture moderne du Cambodge.

—

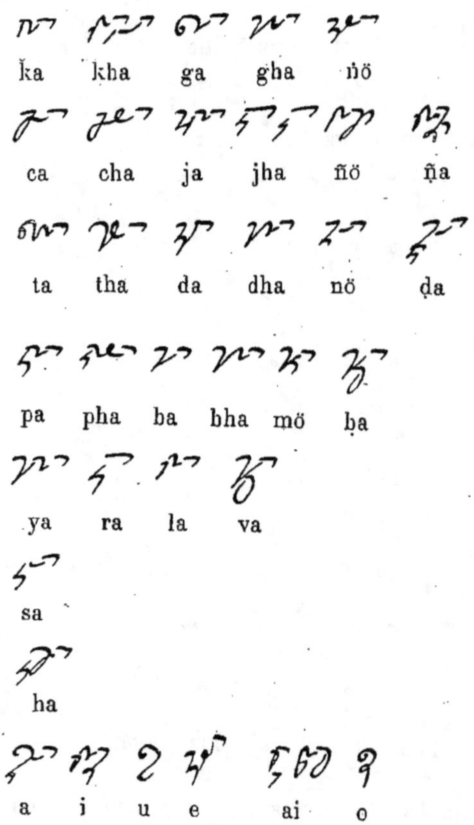

ka   kha   ga   gha   ṅö

ca   cha   ja   jha   ñö   ña

ta   tha   da   dha   nö   ḍa

pa   pha   ba   bha   mö   ḅa

ya   ra   la   va

sa

ha

a   i   u   e   ai   o

Alphabet des Chams de l'Annam.

VOYELLES

a	ā	i	ī	u	ŭ

ṛö	ṛŏ	ḷö	ḷŏ	e	ai

o	au	aṃ	aḥ

CONSONNES

Gutturales :

ka	kha	ga	gha	ṅö

Palatales :

ca	cha	ja	jha	ñö	ña [1]

Dentales :

ṭa	ṭha	ḍa	ḍha	nö	ḍa [2]

Labiales :

pa	pha	ba	bha	mö	ḅa [3]

Semi-voyelles:

ya	ra	la	va

1. 2. 3. Consonnes ajoutées.

Sifflantes :

şa   ça

Aspirées :

ha

Groupes consonantiques.

kja   kla   kra   kva

Ligatures chames.

    pour   nan

    pour   kan

CHIFFRES

1   2   3   4   5   6   7   8   9   0

SIGNES DIVERS

se place au commencement d'un livre, d'un chapitre.

point, point-virgule.

fin d'un alinéa.

fin d'un article ou d'un livre.

SIGNES VOCALIQUES

ā (bât)

signe d'allongement   karā,   galā,   tapā,   pagā,   pājal

i (lundi)

khik,   taçik,   pādik,   möhit,   şit

ī (dîme)

    kanī, tañī, mōñī, ñī lañī, baṅī

ĕi (par*eil*)

    kacĕi, tapĕi, drĕi, padĕi, padĕi, halĕi

e (bonté)

    ceṅ, jaleṅ, jen, debatā, deḥ

ē (fée)

    kē, dakē, rāmē, pēda

ai (*ail*)

    gai, jai, nai, bai, mōrai, rai, hai

ai (tête)
suivi d'une cons.

    kaik, glaiḥ, caik, tathaiy, ṣait

o (pot)

    hvoc, cvoḥ, jhok, bon

ō (ôter)

    arō, karō, ralō, rōṃ, lō

ŏ (coq)
suivi d'une cons.

    kŏk, cŏk, jrŏḥ, dhŏṅ, ralŏv

â (aorte)
à la fin d'un mot

    klâ, ñâ, danâ, nâ, mothâ

u (*ou*)

    kakuḥ, cuk, phun, baṅun, ñuk

1. Le même signe se prononce *o* ou *ao* selon qu'il est suivi ou non d'une consonne.

ău (a-ou)

klău, pathău, yău, athău, kău, kayău

ö (Eure)

karök, klön, gök, caköh, talök

ö (Eubée)

krőm, janjök, nöh

věi (houille)

gavěi, dvěi, buěi, halvěi, havěi

vai (houille)

chvai, jvai, lvai, ṣvai, hanvai

uv (a-oŭ)

kaduv, baruv, buv, möluv

ja (ya)

tabjak, tjan, thjap, djań, bjak

jā (yā)

bjā

jö (ye)
e muet dans je, m

gjöp, cjöt, jjöń, tarjöń

jő (yeux)

djő

1. 2. La combinaison, assez rare, d'une consonne et de l'un
de ces signes vocaliques, surmonté du signe de l'allongement
( ), sera toujours rendue par ö italique ou ö souligné.

ᴊi (*yi*)

cjip

ᴊī (*yĭ*)

cjĭṃ, mönīṃ

ᴊo (*yŏ*)

ᴊó (*yole*)

 jᴊóy

⎰ rend longues les voyelles qu'il surmonte.

⎰ représente la nasale gutturale ṅö affecté du virāma [1] ṅ. Ex. :

kaṅ, gadaṅ, jaṅ, talaṅ, daṅ, paçaṅ, baróṅ

change la voyelle ö des nasàles ṅö, ñö, nö, mö en a :

Ex. : ṅap, ñä, naṃ, mai

change la voyelle a en ö. Voy. plus haut karök, klöṅ, etc.

aᴊā, se prononce ᴊeä.

aᴊök, se prononce ᴊök.

____

1. (/) La consonne qui en est pourvue perd sa voyelle inhérente. — *Prononcez* : kang, gadang, jang, talang, etc.

PRONONCIATION DES CONSONNES

ka, ga, ta, da, pa, ba, ya, la, sa, comme en français ;

ṅö, comme *ng* prononcé d'une seule émission de voix, en étouffant le *g* (n^gueu). Cf. all. *eng, enger* ;

ca, comme la première syllabe du mot *tiare* en faisant entendre légèrement le son *ch* entre *t* et *i* (*t^chiare*), ou comme *t* suivi du *ch* allemand dans *ich, mich*. Cf. all. *Mütchen*. C'est exactement le *ć* croate et le *ci* polonais (*ciarki, ciasto*) ;

ja, comme *dja* un peu adouci (*djïa*) ; presque *dia*. Cf. *dź* pol. dans *dziad* ;

kha, gha, cha, jha, tha, dha, pha, bha, comme k, g, etc. suivis d'une aspiration très sensible (= k'ha, g'ha) ;

ñö, nö, mö, comme *gneux* (dans *soigneux*), *nœud*, il *meut* ;

ra, fortement grasseyé au Cambodge. Cf. ‏غ‎ *r'ain* arabe. Très vibrant au Bình-Thuận.

va, *w* anglais ;

ṣa, comme l'*s* du quôc ngứ.

ça, *th* anglais dur ;

h, plus aspirée qu'en français ;

ḍa, presque *t* ;

ḅa, presque *p* ;

ña, à peu près *gnia* en faisant fortement sonner *i* après *gn*. Cf. pol. *linja* [*lin'-ja*].

CHIFFRES

Les chiffres chams, à l'exception du 4 qui paraît être un signe vocalique et du 0 qui est le ○ indien, sont des lettres de l'alphabet à peine modifiées.

La décadence des études est telle chez les misérables

Chams du Bình-Thuận, dit M. Aymonier, qu'ils ont perdu la notion de la valeur de position des chiffres et écrivent 101, 102, 103, etc., pour 11, 12, 13, etc. Quant à représenter des centaines de chiffres, ils ne s'y aventurent même pas [1].

1	2	3	4	5	6	7	8	9	0
a.									
b.									
c.									
d.									
e.									

a, *b*, *c.* Chiffres chams des inscriptions, d'après Bergaigne. Cf. les trois premiers chiffres de la ligne *a*, à ceux des Chinois.

d. Chiffres actuels des Chams de l'Annam.

e. Chiffres des Chams du Cambodge.

PROCÉDÉS D'ÉCRITURE

Les Chams du Cambodge et les Chams Banis se servent pour écrire d'un bambou taillé (kalam, kalam mök = ar. قلم), à la manière des Arabes. Les Chams Kaphirs ont adopté le pinceau chinois (but, *ann.* bút) et l'encre de Chine (mök, *ann.* mực). Ils répugneraient, paraît-il, à l'emploi d'un kalam ou d'une plume européenne; cependant les Chams Kaphirs que j'ai pu voir essayaient d'écrire avec une plume de fer, et

1. Aymonier, *Gram. chame*, p. 38.

auraient continué volontiers à s'en servir si leurs essais maladroits ne les en avaient découragés.

Les Chams du Cambodge écrivent sur du papier européen. leurs manuscrits dont la première page, à l'imitation des Malais qui se servent de caractères arabes, est à la place de la dernière dans nos livres, ont généralement le format d'une feuille de papier à lettre ordinaire. La page écrite est entourée d'un encadrement, la fin d'un verset ou d'une phrase est indiquée par trois virgules placées en triangle (؞) et le livre débute toujours par l'invocation musulmane :

بِسْمِ ٱللّٰهِ ٱلرَّحْمَنِ ٱلرَّحِيمِ

bismi 'llahi 'rraḥmani 'rraḥymi

« Au nom de Dieu, clément et miséricordieux. »

On rencontre parfois des manuscrits où les mots ci-dessus sont écrits à l'encre rouge, les alinéas précédés d'un fleuron et les signes de ponctuation tracés en bleu. Ces essais, dus probablement à l'influence de l'Islam, sont loin d'atteindre la capricieuse richesse d'ornementation des manuscrits arabes qui en ont donné l'idée.

Les Chams Kaphirs se servent de papier chinois de grand format et d'un transparent pour copier leurs manuscrits. L'écriture est généralement régulière, bien tracée et l'orthographe correcte. Les manuscrits des rituels sont carrés ou rectangulaires, souvent écrits sur des cahiers de papier épais, se pliant comme un paravent, analogues aux kraṅ khmers, la première page est parfois ornée d'un large encadrement rouge en chevrons ou en tresses et le haut de la page est rempli par une rosace d'un dessin un peu lourd. Les dessins d'amulettes des rituels funéraires sont régulièrement exécutés et enluminés en rouge, bleu et noir. Les figures magiques qu'on rencontre dans plusieurs manuscrits, de même que les personnages, les animaux et les fleurs sont peints dans la manière des artistes annamites et lestement enlevés.

Les manuscrits sur olles des rituels deviennent de plus en plus rares. Tandis qu'au Cambodge l'art de graver l'écriture sur feuilles de palmier[1] est exercé par d'habiles calligraphes, les Chams l'ont complètement délaissé. Ils n'emploient plus pour leurs manuscrits que le papier mince des Chinois ou le papier européen.

Première page d'un Coran cham de l'Annam.

1. Voy. p. 11, n. 2. *Cambodgien :* traŭ; *annamite :* cây lá buông *ou* buôn.

Comme spécimen de l'écriture des mss. arabes de l'Annam, je donne ci-dessus le fac-simile d'une page du Coran, en faisant observer que l'écriture arabe du Cambodge se rapproche davantage du *neskhi* ou caractère de copie, employé déjà au temps de Mahomet.

Cette page commence (l. 1 à 7) par la Fātiḥat el-Kitāb (voir p. 4, n. 5), premier chapitre du Coran, dont voici la traduction.

Au nom de Dieu, clément et miséricordieux.

1. Louange à Dieu, souverain des mondes;
2. A Dieu, clément et miséricordieux;
3. Au Roi du jour du Jugement.
4. C'est toi que nous révérons, c'est à toi que nous adressons nos prières.
5. Conduis-nous dans le chemin de l'équité;
6. Dans le chemin de ceux à qui tu es propice;
7. Contre lesquels tu n'es pas irrité, et qui ne sont pas les jouets de l'erreur.

Observations. — Ligne 2. Le mot *'rrahymi* s'arrête à *'rra*; *hymi* est rejeté à l'autre ligne, contrairement à l'usage arabe de ne jamais couper un mot. On retrouve ici l'habitude chame d'écrire jusqu'au bout de la ligne et de renvoyer à la ligne suivante les lettres du mot qui n'a pu être achevé, sans s'inquiéter le moins du monde de la division des syllabes.

Ligne 3. Le ‍ـ appartient au mot qui suit.

Ligne 7. Au premier tiers de cette ligne débute la XXXVIe sourate du Coran, intitulée *Soûrat Yas* ou *Ya Sin*, nom des deux lettres placées devant le premier verset. Elle s'arrête dans notre manuscrit au milieu du verset 6. Elle sert de prière des morts et avait reçu de Mahomet le nom de Cœur du Coran. Traduction :

Au nom de Dieu, clément et miséricordieux.

1. Ya. Sin. Je jure par le Coran sage

2. Que tu es un envoyé

3. Marchant dans le sentier droit;

4 Par la révélation du Puissant, du Miséricordieux,

5. Afin que tu avertisses ceux dont les pères n'ont pas été avertis, et qui vivent dans l'insouciance.

6. Notre parole s'est vérifiée à l'égard de la plupart d'entre eux, et ils ne croiront pas.

Pour en revenir aux écritures propres des Chams, faisons remarquer que, si à première vue celles du Cambodge et de l'Annam diffèrent notablement entre elles, un examen plus attentif[1] permet de s'apercevoir qu'elles ne s'éloignent pas plus l'une de l'autre que nos écritures anglaise et gothique. Les signes vocaliques se ressentent un peu de l'influence khmère dans l'écriture des Chams du Çambodge; elle a, en outre, une tendance marquée à disloquer ses éléments, tendance qui se manifeste déjà dans les inscriptions et qui est tout à fait frappante dans les rares manuscrits sur olles du Cambodge.

L'écriture des Chams de l'Annam est très arrondie, ordinairement bien formée, mais la plus grande incertitude règne dans le tracé des lettres ga et la qui ne diffèrent que par la plus ou moins grande ouverture de la boucle de gauche. Sans le secours du contexte il serait souvent très difficile de discerner à quelle de ces lettres on a affaire. Le ja et le ya, le jha et le pha, le pa et le ça, le pa suivi du signe vocalique ŏ et le ha, etc. donnent lieu aux mêmes observations. En ajoutant à cela la confusion qui peut naître entre le signe vocalique de l'ī long et l'anusvāra, tous deux notés par un

____

1. Voir plus loin les fac-similés.

point, on aura une idée des obstacles qui barrent le chemin aux commençants dans le déchiffrement de cette écriture.

Écriture du Cambodge. Chanson chame.

Transcription.

Uni cĕi yöc duṃ ni hulun kan blóḥ nå jön di kóḥ buḥ
duṃ aṅin || burjam möḥ yöc duṃ ni okan ai klak möduḥ
hu chuk yva möḥ adĕi || cĕi yöc anit baik hai
ku cĕi anit ka adĕi nön bjak mötvĕi möḥ yöc okan
ai si klak möḥ nin adĕi || cĕi yöc anit ka hulun
hai cĕi anit ka adĕi nön dók mötvĕi || möḥ yöc kău
pa möḥ möin sóp glĕi abiḥ || cĕi yöc cĕi pamöin
kău aun pvöc klå tan saṅ po ku cĕi ||

Traduction.

O mon seigneur, vas-tu mettre à la voile, que tu t'inquiètes d'où vient le vent ? — Ibrahim, mon or pur, ce serait mal

de m'abandonner? — aie pitié de ta petite sœur, ne l'afflige
pas. — Car si tu partais, mon bien précieux, je serais comme
l'orphelin; — Mon seigneur, aie pitié de ta sœur dorée
(= belle comme l'or), ne dédaigne point ta jeune amie, —
ne la laisse pas, telle une orpheline, errer sans repos dans
l'épaisse forêt. — Tu restes, mon seigneur, tes paroles me
remplissent d'allégresse; ne pensons désormais qu'à rire,
jouer et nous promener dans la forêt.

Écriture de l'Annam
(Note de copiste d'un Coran arabe-cham).

Transcription.

۞ nī nömö kamī halun muallϳiyaḥ maṅ ḍaā
val halĕi āhvör aṅan kău hvöp kĕi | blóḥ jeṅ
acaryak | blóḥ grū paḥ nöm brĕi aṅan kamim
kalun jeṅ imöm par naṃ alvahu hu pō ku pō

nöbī muhaṃmeḍ | blóḥ jeṅ grū par avalak laḥi
çalaṃ mö laṃ mö | bloḥ kamiṃ halum çurak ikak ta
puk aric nī pjóḥ ka anök ṅan tacóv ṅa.
n tacaik kau bac hadör daṃ (?) pjö-yan-pjö (?) alva
hu hu pō ku nī pabjak dvai vör labjak bhuṃmī |

Traduction.

Mon nom, avant d'avoir été initié (circoncis), était Hvöp
Kĕi. Plus tard je devins précepteur spirituel, puis imâm.
Alòrs le grū (= gourou) me donna le nom de Paḥ Nöm. Je
proclame que Mahomet est le prophète de Dieu. J'atteste que
Dieu est le seul Dieu. J'ai écrit ce livre, je l'ai relié, pour que
mon fils, mon petit-fils ou ma petite fille le conservent. Il n'y
a point d'autre Dieu que Dieu; qu'il ne nous conduise point
point hors de ce pays (ou Puissions-nous ne pas être errants).

Écriture de l'Annam
(Fragment du Rituel funéraire de Phan-Raug.)

Transcription.

vök mörai | lĕi braḥ ça urak dilaṃ]
bóḥ pānöṅ nan kumar jö. | ha
lā möḥ laóv patĕi nan raló
v | harūḥ pabjak kan laṅū nan hö
p |||

Traduction.

revenir. L'embryon et la noix d'arec [dans son enveloppe]
se ressemblent. La feuille d'or et la cime de bananier représentent [la chair]. Suer [pendant la cérémonie funèbre] est
de mauvais présage.

Les fac-similés de deux Hymnes et d'extraits des Rituels funéraires de Phan-Rang et de Phan-Rí, qu'on trouvera à leur
ordre dans les textes, fournissent aussi d'intéressants spécimens de l'écriture chame de l'Annam.

Paléographie[1].

Les alphabets en usage chez les Chams et les Khmers depuis le temps des plus anciennes inscriptions jusqu'à nos
jours sont originaires du sud de l'Inde; ils peuvent être ratta-
chés au vaṭṭeluttu[2], écriture qui a été remplacée par l'alphabet tamoul moderne; les cérébrales n'y sont pas représen-
tées.

Le plus ancien spécimen de l'écriture chame nous est
donné par l'inscription de Nha-Trang (Annam) qui date du
IIIe siècle de Jésus-Christ. « Elle dépasse en archaïsme non

---

1. Faire suivre, au moyen de fac-similés, l'évolution de l'écriture chame depuis les temps anciens jusqu'à maintenant,
conduirait beaucoup trop loin et dépasserait d'ailleurs le but que
je me propose : mettre rapidement en mesure de lire les mss.
chames, tous modernes. En attendant la publication d'un ouvrage spécial, il sera loisible, à ceux qu'intéresse l'épigraphie du
Campā, de consulter les planches des *Inscriptions sanscrites du
Cambodge et de Campâ*, exécutées directement d'après les estam-
pages, et publiées par MM. Barth et Bergaigne. Voir aussi le remarquable article de Bergaigne, *L'ancien royaume de Campâ
dans l'Indo-Chine*, paru dans le *Journal Asiatique*, 8e sér., t. XI,
1888, p. 15 sqq.

2. Voy. A. C. Burnell, *Elements of South Indian Palæography*.
London, 1878, in-4°, p. 44 sqq.

pas ce qu'il était scientifiquement permis d'attendre, mais ce qu'on pouvait moralement espérer[1]. » L'écriture de cette inscription est comparable à celle de la célèbre inscription de Rudradāman, à Girnār[2], qui remonte à l'an 72 de l'ère çaka.

A partir du vIII^e siècle l'écriture chame perd son aspect archaïque et se rapproche des écritures du Cambodge et de Java. Elle se désarticule dès le IXe siècle et se surcharge de fleurons. Ses éléments, géométriquement arrangés, forment un ensemble du plus heureux effet, mais cet excès de régularité, en enlevant aux lettres leur caractère, rend la lecture des inscriptions frustes si ardue qu'il est quelquefois impossible de la mener à fin.

Plus tard l'écriture lapidaire s'altère de plus en plus pour aboutir à l'akhar rik qui peut être considérée comme le dernier stade de la transformation qui a donné les écritures modernes.

L'akhar[3] rik est une écriture hiératique usitée en Annam pour tracer des amulettes et transcrire certains mots dans les manuscrits. Elle est comme un trait d'union entre l'écriture lapidaire ancienne et celle des Chams d'aujourd'hui. En voici l'alphabet ; la première colonne renferme, pour les consonnes, les caractères qui se rencontrent le plus souvent, les autres colonnes donnent les principales variantes de ces consonnes. Les voyelles ont à peu près la même forme dans toutes les akhar rik.

---

1. *Inscr. sansc. du Cambodge*, 2e fasc., p. 12.
2. Girnār, district de Kāthiāwār, présidence de Bombay.
3. *Pâli* : akkhara, « lettre, caractère ».

AKHAR RIK

Voyelles.

a   a   ā   ā

i   i   ī   ī

u   ū

ṛö   ṛö

ṛö̆   ṛö̆

ḷö   ḷö

e   ai   ai   ai

o   å   aṃ   aḥ

AKHAR RIK
Consonnes.

ka					
kha					
ga					
gha					
ñö					
ca					
cha					
ja					
jha					
ñö					
ta					
tha					
da					
dha					
nö					
pa					
pha					
ba					
bha					
mö					
ya					
ra					
la					
va					
ṣa					
ṣth					
ha					
ḥ					

Écriture dite Akhar rik.

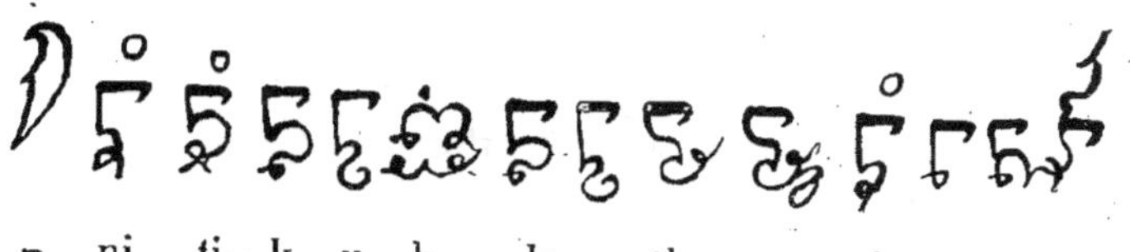

ni ti—k—u—ḥ	k—u—ba—v	ri—o—mṅ'
Ni (Ici) tikuḥ (rat) ;	kubav (buffle) ;	rimóṅ (tigre) ;

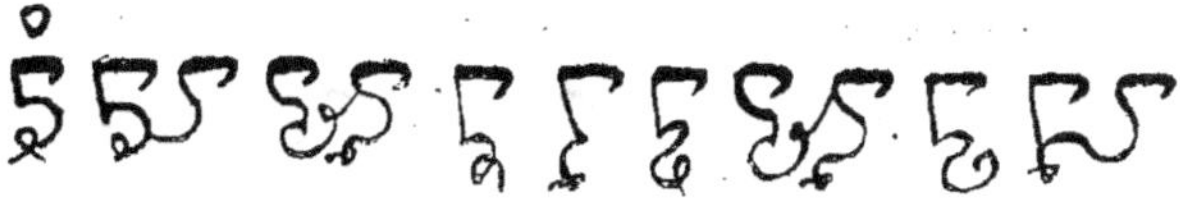

ti—pa— y	nö—ga—ra—ʸ	u—la
tipay (lièvre) ;	nögaray (dragon) ;	ulā (serpent)

a—a—i—n— ḥ	a—ai—ç — h.	pa—ai—b—
anaiḥ (petit) ;	açaiḥ (cheval) ;	pabaiy (chèvre) ;

y kra	mö—n—u—k	a— th—uṅ pa—bvĕi
kra (singe) ;	mönuk (poule) ;	athuṅ (chien) ; pabvĕi (cochon

a— bi— ḥ	nö—ça— k
abiḥ (toute)	nöçak¹ (année cyclique).

1. *Skt :* nakṣatra « mansion lunaire ». — Les Chams expriment les millésimes au moyen du cycle lunaire chinois de 60 ans. Il est divisé en cinq périodes de douze années désignées chacune par le nom d'un des douze animaux énumérés ci-dessus.

Dans l'akhlar yók, « écriture cachée », les consonnes sont considérées comme dépourvues de voyelle inhérente[1]. Pour représenter les mots on les fait précéder ou suivre de la voyelle isolée, ainsi que cela se pratique en devanāgarī, pour l'ĭ bref ou l'ī long joints à une consonne. Ex. : रि, वि *ri, vi* (écrits : *ir, iv*) et री, वी *rī, vī*.

AKHAR YÓK

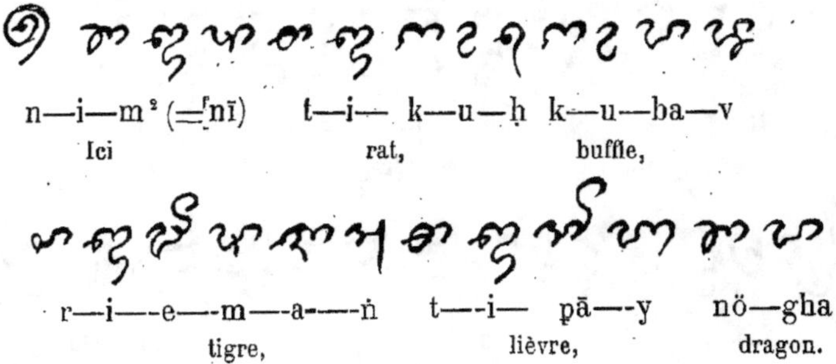

n—i—m[2] (=ʳnī)   t—i— k—u—ḥ k—u—ba—v

Ici   rat,   buffle,

r—i—e—m—a—ṅ t—i— pā—y nö—gha

tigre,   lièvre,   dragon.

L'akhlar atvöl, « écriture suspendue, abrégée », est une écriture par sigles qui consiste tantôt à ne tracer qu'une ou plusieurs lettres d'un mot, tantôt à placer les lettres les unes sous les autres comme les *pieds* ou caractères souscrits en khmer[3], et enfin à entrelacer les lettres de manière à former une sorte de monogramme[4].

Le fac-similé suivant d'akhar atvöl offre un exemple de

1. Il en est de même dans nos écritures européennes.
2. L'*m* remplace évidemment le signe de la longue (-), qui s'exprime dans l'écriture ordinaire par un point en haut ·). La raison de cette confusion est que le même signe représente en cham à la fois la longue et l'anusvāra (ṃ).
3. La deuxième colonne du dernier tableau autographié de la *Grammaire chame* de M. Aymonier offre un exemple de cette façon d'écrire.
4. *m* pour *nan*, par ex. (le premier jambage de l'*m* représentant ici un *n* abrégé, les deux autres un *n* complet); k̄ pour kubău, etc.

sigle composé : le mot nöçak = *skt.* nakṣatra « mansion lunaire », est partout abrégé en nöç, et kubav l'est en kuv.
Ce texte, que j'ai donné en entier, énumère tous les animaux
du cycle duodénaire des Chams et sert d'exercice aux enfants chams qui apprennent à lire.

AKHAR ATVÖL

nī thu—nö—ç¹ ti—ku—ḅ || thu-nö-ç   ku-v
Ici l'année cyclique [du] rat ;   l'année cyclique [du] buffle ;

thu—nö—ç ri—móń || thu—nö—ç   ti—pĕi² ||
l'année cyclique [du] tigre ;   l'année cyclique [du] lièvre ;

thu—nö—ç nö—gi—rań || thu-nö—ç u—lā   a—naiḥ ||
l'année cyclique [du]   dragon ;   l'année cyclique [du] petit serpent ;

thu—nö—ç   a—çai—ḥ || thu-nö- ç pā—baiń ||
l'année cyclique [du]   cheval ;   l'année cyclique [de la] chèvre ;

thu-nö—ç krā || thu—nö—ç mö-nu—k ||
l'année cyclique [du] singe ;   l'année cyclique [de la] poule ;

1. Pour thuṇ nöç[ak] « année cyclique ». L'*n* sert pour les
deux mots.
2. Je note le b par ṗ quànd il a la valeur du p, anomalie fré-
quente en cham.

thu-nö—ç   a—thău || thu—nö—ç   pa—bvĕi ||
l'année cyclique [du] chien;   l'année cyclique [du] cochon,

Les divers textes qui précèdent et les fac-similés de fragments des hymnes et des rituels funéraires présentent les
types les plus caractéristiques des écritures chames du Cambodge et de l'Annam, ainsi que leurs modifications. En même
temps qu'ils constituent d'utiles exercices de lecture, ils donnent un aperçu du style des écrits chams. Étudiés avec attention, les alphabets et les exercices conduiront sans peine du
déchiffrement, relativement facile des manuscrits, à celui
plus compliqué des nombreux documents épigraphiques de
l'ancien Campā.

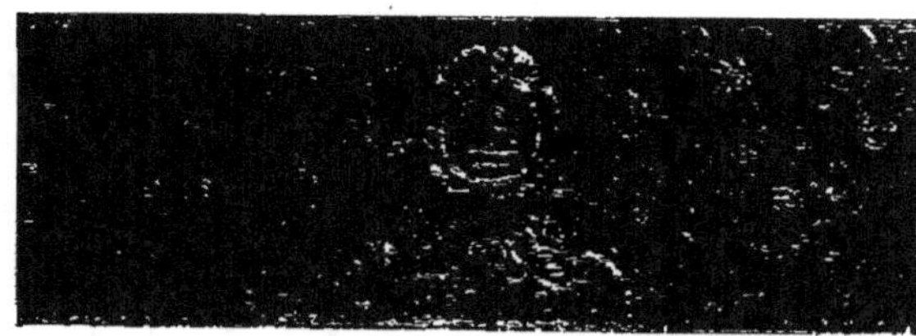

Bas-relief cham, conservé à Phnom-Penh à la Direction des Travaux publics.

TEXTES

DIVINITÉS QU'IL FAUT INVITER AUX CÉRÉMONIES

☞ Nī danak pō ganvör mötrī yaḥ ṅap yaṅ daā pō ganvör -mötrī dahlău ||

    blóḥ daā pō çaṅ ||

    blóḥ adóḥ daā pō nögar ||

    blóḥ adóḥ daā pō pan ||

    blóḥ adóḥ daā pō kloṅ ||

    blóḥ adóḥ daā pō bhók ||

    blóḥ adóḥ daā pō rāmē ||

    blóḥ adóḥ daā pō aṣaḥ ||

    blóḥ adóḥ daā pō kuṣat ||

    blóḥ adóḥ daā cĕi cathun ||

    blóḥ adóḥ daā pō yaṅ īn ||

    blóḥ adóḥ daā pō laṅ gahlău ||

    blóḥ adóḥ daā pū bīnthvör ||

    blóḥ adóḥ daā yaṅ pājai parik króṅ ||

    blóḥ adóḥ daā abiḥ yaṅ tak naɒ jŏ ||

yaḥ ṅap thvrā lapĕi nuṅ hakul patĕi kamaṅ djon klöp dī kayā yaḥ ṅap thrvā yău naɒ jŏ |||

7

Suivant la coutume, il faut inviter Pô Ganvör Mötrī et les divinités.

Inviter d'abord Pô Ganvör Mötrī.

Puis le maître de maison invite [les divinités];
Puis il chante pour inviter Pô Nögar;
Puis il chante pour inviter Pô Pan;
Puis il chante pour inviter Pô Kloṅ;
Puis il chante pour inviter Pô Bhók;
Puis il chante pour inviter Pô Rāmē;
Puis il chante pour inviter Pô Ṣaḥ;
Puis il chante pour inviter Pô Kuṣat;
Puis il chante pour inviter Cĕi Cathun;
Puis il chante pour inviter Pô Yaṅ Īn;
Puis il chante pour inviter Pô Taṅ Gahlău;
Puis il chante pour inviter Pô Bīnçvör;

Puis il chante pour inviter les divinités de Pajai, de Parik et de Karaṅ;

Enfin il invite les autres divinités, chacune en particulier.

Offrir en outre, comme pour la cérémonie du Thrvā'[1], des pĕi nuṅ, des hakul (gâteaux minces et secs de riz glutineux), des bananes et du riz grillé; faire adhérer des cierges [contre les plateaux où sont placées ces oblations]. On procède de même pour le Thrvā.

Incantation à la déesse Nögarai et aux Serpents.

℥ Ni nömaṣ çibaya ka yaṅ ka drĕi kău nī barău ǁ

mön kău tabjak di çaṅ mön boḥ nai nögarai çakoṅ nai nögaray çakoṅ papar nā tapa taçik laik kalik ꞵamöjjöṅ bacan ramöḥ ꞵamöjjöṅ jā ñak jā dar laik proc taha möjjöṅ ꞵamöjjöṅ kroṅ laik lapoṅ ꞵamöjjöṅ ḥöp ꞵamöjjön hol laik proc möta ꞵamöjjöṅ benuḥ ꞵamöjjöṅ kan barav ǁ

[1] P. 42.

mön kău möḥ gai kai jrū raloi kău cakök proc nai nögarai
kău crón dī ṅok than benuḥ taṅan than kău thău pakla dī
than nöthan uraṅ nī taṅan caṃ çjem taṅan lō crūk taṅan
raglai uraṅ-kçai taṅan abiḥ drĕi kumĕi aṅan lakĕi ñu lö biḥ
pā tata kău brĕi ka hŏ nå mötai tamŏ tanŏ riya nī batra barău
mön kău kapva baçĕi batjā raga patiḥ kău kiñ baliḥ tanŏ
möroṅ karak kău baliḥ mön çaṅ tidam jvak kău baliḥ dī tanöḥ
mön roṅ lamun kău baliḥ tanöḥ mön jva likan athău kău
baliḥ panöḥ ta kadău pöḥ |

ahöi oṅ ulā cil pa ṣamil mörai tok panokṣa | kău nī hoi
oṅ ulā prå jak göp mörai tok panokṣa | yaḥ kău nī hoi oṅ
ulā proṅ priḥ padik mörai tok panokṣa | yaḥ kău dī oṅ ulā
anal kañal mörai tok panokṣa | yaḥ kău nī hoi oṅ lapan
pajan mörai tok panokṣa | yaḥ kău dī hoi oṅ ulā apaṅ daraṅ
mörai tok panokṣa | yaḥ kău nī abiḥ ulā nan mörai baṅ
bitrĕi | löḥ löy dī akók anöḥ mönvuṣ janya omå | yaḥ
kău nī hoi oṅ nögarai patiḥ tā dī ḍīḥ nögar mörai tok
panokṣa | yaḥ kău nī hoi nögarai [h]atam dók dī dalam nögar
mörai tok panokṣa | yaḥ kău nī yaḥ anöḥ nögarai patiḥ kău
daā nå dók kital kröḥ gahul | yaḥ nögarai mörjaḥ yaḥ
nögarai hatam | kău daā nå ḍak bilal dalam pabuṅ cök | bā
jjóy eḥ khar ka bhum dī pō nitra pïk pajvai dók dī ulā athău
çā aṅan möyå lamóv çā aṅan kubav anök mönvuṣ eḥ dī akók
bādók dī pō döp |||

Incantation à la déesse Nögarai et aux Serpents.

Nous rendons hommage à Çiva et aux divinités!

« Alors j'ai quitté de nouveau ma demeure, j'ai vu la déesse
Nögarai. La déesse Nögarai s'est emparée de moi, elle
m'a transporté au-delà des mers. Elle s'est dépouillée de sa
peau, sa peau s'est changée en corne de rhinocéros d'où
l'eau a filtré goutte à goutte. Elle a laissé tomber son gros in-

testin et un fleuve en est sorti. Elle a laissé tomber son intestin grêle et le banian a été créé. Qui pourrait opérer de semblables merveilles?

« Et moi, j'ai pris un long bâton, j'ai touché les entrailles de la déesse Nögarai et les branches du banian se sont multipliées. J'ai su faire sortir de ces branches les Chams, les Siamois, les Chinois, les Churus, les Raglai et tous les hommes et toutes les femmes. Qu'ils frappent tous leur poitrine!

« C'est moi qui te donne la mort, alors tu descends vite sous terre[1] par ma main. Je tiens le glaive au fer brillant. J'ai posé la terre sur l'écaille d'une tortue, je puis l'écraser comme une fourmilière, la placer sur le dos d'un éléphant, lui donner l'immobilité du cadavre, la faire trembler ou l'entr'ouvrir.

« J'appelle sa seigneurie le serpent Çila, qu'il vienne assister à cette cérémonie. Moi que voici, j'appelle sa seigneurie le serpent Pārāvata, qu'il vienne aussi assister à cette cérémonie. Moi que voici, j'appelle sa seigneurie le grand serpent Prahasa, qu'il vienne assister à cette cérémonie. Moi que voici, j'appelle sa seigneurie le serpent Anal Kañal, qu'il vienne assister à cette cérémonie. Moi que voici, j'appelle sa seigneurie le Millepède rampant, qu'il vienne assister à cette cérémonie. Moi que voici, j'appelle sa seigneurie le serpent qui vit sur le litchi[2], qu'il vienne assister à cette cérémonie. Moi que voici, j'appelle tous les serpents, qu'ils viennent manger à satiété. Qu'il soit pardonné sur la tête des fils des hommes. Victoire! Om!

Moi que voici, j'appelle le Roi des Serpents blancs; qu'il s'établisse dans le royaume, qu'il vienne assister à cette cérémonie. Moi que voici, j'appelle le Roi des Serpents gris;

1. Dans les régions infernales.
2. *Nephelium litchi*, Camb. (Sapindacées).

qu'il demeure dans le royaume, qu'il aille se placer au milieu des nuages du sommet de la montagne. Que Pô Nitra
purge la terre de ses impuretés. Que les serpents qui ont nom
Chien, Chat, Bœuf, Buffle purifient les lieux souillés où habitent les hommes

Première page du manuscrit des hymnes.

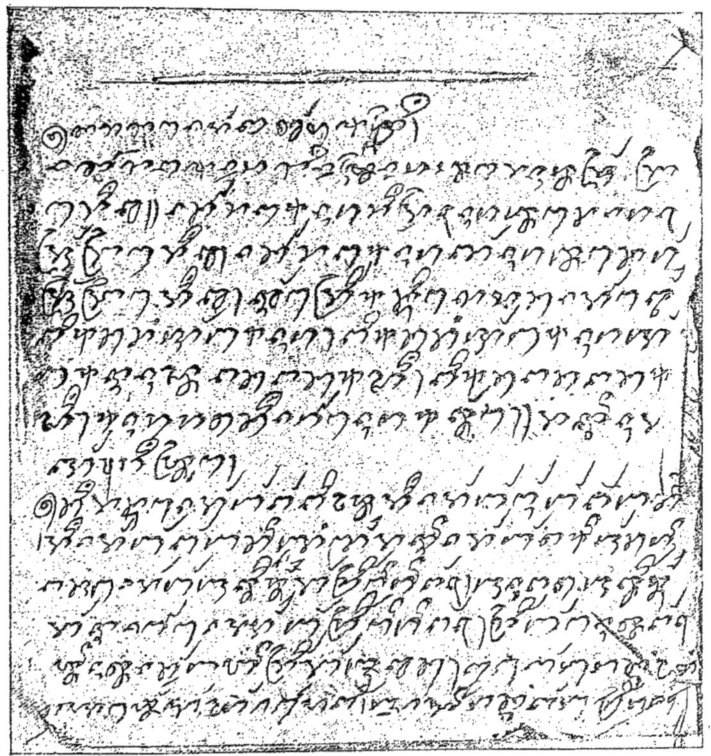

TEXTE DES HYMNES

Hymne à Pō Ganvöi Mötri.

֍ Nī danak pō ganvör mötrī ||[1] nå bal mörai bī mrai vak[2] darvai drön jra || k dī ai ||

nå bal mörai bīdraḥ rai vak[2] ṣaraḥ || drön jrak dī ai | nå bal mörai khan rai hvak caran ||[3] drön jrak di ai | uök drĕi mönik ṣadan dók glan ||limön cam rjöp mörai | limön cam rjöp mörai rjö|p möadvai khan gan [lan] modhī | limön gan gan[4] mö ||ˉdhī | mörai bat nī rók rai molvök ||

daā pō || khan[5] bī[6] thruk[7] ||

Ce que doit faire le Maître de Maison avant le sacrifice.

֍ Nī danak pō çan lan ljuv dī pō çan lan pacan[8] || dī pō can göp[9] cā[10] çjam khin daā pō çan tamö köc rā || ganök po çan halvĕi ban çan drĕi[11] kārā löh` | hagait halvĕi ban || jan akók jjön çan brĕi kā ralöh, brĕi çan katvai löḥ || yvā nå payā[12] drĕi jan çaun | klak göp ranam uran || tabjak ban jan uran klău balĕi | hū jön ranam göp drĕi raklå || palĕi göp tvĕi akhan ||

Hymne à Pō Yan Inö Nögar.

[֍ Ni] danak pō nögar |

mön jjön tanöḥ jjön tahā |

mön jjön inö yan pō nögar | mön jjön tanöḥ jjön kău mön jjön gahlău yan pō nögar | mön jjön tanöḥ jjön ai mön jön padai mön yan pō nögar | gahlău çón gan linan ralac boḥ

---

1. Les deux traits verticaux || indiquent la fin de la ligne du fac-similé du ms.

Corr. 1, 2. hvak. — 3. cran. — 4. lan. — 5. Ijen. — 6 bī. — 7. thruk. — 8. pacan. — 9. lan. — 10. paçan. — 11. brĕi. — 12. payva.

tjan pū nŏ nögar | pa pör möthvör mörai ḅău höp pădai apuḥ
banoṅ | ṣvan pū kaḍom̐ dī crai ghā | halā löp ṅan tăcĕi uraṅ
lac drĕi göp ṅan tanön | kapvak dvaḥ ḅjön ḅaṅ höp taṅin |
karriḥ ḅöḥ dom̐ rapuk pablök pathruk coṅ bā kā ai | möṅ
töl hamu kut khvai | daā pū gön pathruḥ likău ayuḥ drĕi pū
tamön |

Hymne à Pō Pan.

[☙ Nĭ] danak pū pan |
yaṅ pō apan dók hom̐ mölam̐ thău dom̐ cjem̐ pör mölam̐
taböl jjöṅ av litā[1] gai jröṅ balā pan bóḥ amak | tabör jjöṅ
lā auv gai jröṅ gahlău pan bóḥ amak | jvai jjöṅ dī lūnĕi[2]
jjöṅ dī kamĕi crū kanai | gan tvĕi jā pajök kamĕi crū rvak
ḍiḥ dī apvĕi | daā po bön bathruk likău ayuḥ | pū dī mön |

Hymne à Pō Kloṅ Garai.

☙ Nĭ danak pō kloṅ |
dī bel laik cröḥ panai pō kloṅ mörai döḥ ljeṅ dī klam dī
bal lait thröḥ ṣaḅoḥ pō klóṅ rai döḥ ljeṅ kayā | tuk dva tamö
tuk klău kayā thai pamöyău | pō klóṅ döḥ ljeṅ dī klam |
jagan[3] pō trun möcök drök jiḥ paḅök döḥ ljeṅ kayā | jalan
po trun möṅok pū klóṅ drök jvak takhók dök ljeṅ kayā |

Hymne à Pō Bhók.

Nĭ danak pō bhók |
papvai banön nön[4] glai papvai bok dvai dap man cari
| papvöl dhöl nĭ cain nå çamö drĕi pō dī ṅok talĭ abiḥ dhan
nĭ ḍam̐ mök dī ṅok drĕi pū dī ṅok cök króṅ dók tok króṅ
kā bhap limaḥ blóḥ blai pō kiṅ mörai tvĕi throḥ trav tanöh
padaṅ ñraṅ ñöḥ tanök pō dröh dī niai kaḍak | daā pū ljeñ
pathruk kacŏ ayaḥ drĕi pō damön ||

Corr. 1. gita. — 2. loṅvuĕi. — 3. jalan. — 4. nan.

Hymne à Pō Ramē.

☙ Nī danak pō ramē |
ṣaḅoḥ glóṅ mö apóv dī ṅok ḅon cóv yaṅ pō ramē | ḅoḥ
möhalöṅ ṣalav bjet vaṅ yaṅ pū ramē | ṣaḅoḥ gloṅ möhajai
baluv kaṅ hatai yaṅ pō ramē | jā möḥ halóṃ luv luv dva
haluv yaṅ pō ramē | pō bjā ākaraṅ póḥ göp dī blaṅ yvā çjaṃ
lākĕi dhar jā harĕi dók kal cröḥ po bjā than can banaṅ kłak
rai yaṅ ghvöḥ | yău harĕi | daā pū ljeṅ bī thuk kanŏ ayuḥ
drĕi pō damön |

Hymne à Pō Ṣaḥ.

☙ Nī danak pō ṣaḥ |
danuḥ [pō] ṣaḥ bal lī hoṃ hamu çóṅ ra cröṅ'möḥ cjeṃra
racaṅ danuḥ baṣa kău mai danuḥ ṣaḥ çaṅ dak tabjak |
kamĕi doṃ rait tabī ramör klaṃ nī oḥ mit çuṣöp kamĕi lū
dröp mai möpaçaṅ | cök próṅ racór glai gan biḍaṅ ḅoḥ bak
bī pō klóṅ can jalan nå bal lāauv thai ṅan pamrö dva gaḥ
jalan | daā pō ljeṅ bathuk kanŏ ayuḥ drĕi pō jamön |

Hymne à Pō Kloṅ Gaṣait.

☙ Ni danak pō₍klóṅ gaṣait |
jan dī cök luv luv baçaḥ av ljuv pō klóṅ kaṣat[2] jan laik dī
cök bröṅ bröṅ bathaḥ khan dröṅ po klóṅ kaṣat—jan dī cök
rapat pū klóṅ kaṣat pābjā mönĕi | pū klóṅ ljeṅ nå rapaḥ jā
möpābaḥ ō thău ṣagvai | jan juk rai möglaṅ jā laik dī tāpā
akaṃ babhap taklaṃ pabök banök cahöc pamit ṣöp pvöc dī
tuṃ rabóṅ javuṃ ṅap lī tanrā nöḥ parabhā hamū ramai | nå
ḅoḥ badoṅ ḍók bai alā dhan kroc yaṅ bjā darā | çaṅ bjā
darā humū ḅaṅ pō klóṅ tak gaṅ ṅap ça[ṅ] kabjā daā pū ljeṅ
bī th[r]ok kanŏ ayuḥ drĕi pō jamön |

Corr. 1. trun. — 2. gaṣait.

Hymne à Cĕi Cathun.

❀ Nī danak cĕi cathun |

tathun cĕi ḍöp dī glóṅ pak thău ganóṅ pō cĕi tathun uraṅ
droḥ cĕi möcai o çjaṃ dī hatai dröḥ cĕi tathun | cĕi ḍik açaiḥ
buḥ groṅ tabak gör bhóṅ klóṅ tathun cĕi ḍik açaik thiṅ nå
thiṅ ḍvöc pamit ḅait pvöc gai ḅóḥ açaiḥ gai nī lagaiḥ möñum
alak aljeṅ ḅóḥ mönuk anök bvöl juk paṅ gón dī cĕi | daā pa
ljeṅ bīthruk lakău yaṅ ça drĕi pō jamön |

Hymne à Pō Kloṅ Yaṅ Īn.

❀ Nī danak yaṅ īn |

çjaṃ cök kalóṅ kanröḥ¹ pō kloṅ yaṅ īn ṣanit çjaṃ cök
çjaṃ janör ganröḥ jā gjöl | yaṅ īn ṣanit pan çóṇ jaban dók
caṅ yaṅ īn baḍaṅ² apan calĕi | kalaṅ lvók drĕi anaiḥ kūlaḥ
lagaiḥ yaṅ īn papör | danöy phov thröḥ? harĕi möçuḥ mok
kamẽi balā | ṣathah | daā pū | ljeṅ bī thruk lakău ayuḥ drĕi
pō jamön

Hymne à Pō Pataṅ Gahlău.

❀ Nī danak pataṅ gahlău |

gahlău athal çóṅ pō pataṅ rayak nan pāk pū ça tjan daṅ
pacraṅ blóḥ ṅap nögar | pō mai mökaḥ çĕi thău akan rabuv
koṅ pō dī jā | pō mai mökaḥ cĕi bā akan dī jā kóṅ pō tagok
| pō mai dī kröḥ mölam jak göp kău glaṃ lac po ākam |
ghön tvöl dī kū rayak tarvū paṅ ghön möñī | rayak dvöḥ
caḅauv takai pō kău nå çóṅ riyak | pū ṅap kanoṅ ḍoṅ tjóṅ
ḍóṅ dva galóṅ dil blóḥ tamö | uraṅ lac dil kavök padaṅ jjön
kvok blóḥ dók dī dil | möyóṃ rayak bjak jak mök yvön
pabhak blóḥ dók dīdil | daā pō ljeṅ bī thruk lakău ayuḥ drĕi
pō jamön |

Corr. 1. ganröh. — 2. padaṅ.

Hymne à Pō Binçvör.

☙ Nī danak pō binçvör |

thjeń laik dī cök brai po kloń binai ljök bat möçuḥ klör ka kău möthuḥ[1] jóḥ çā baik mök hŏt anaiḥ | khök[2] ka kău möçuḥ jöḥ hŏt ça baik mök anaiḥ ljök möcuḥ | ljök bat tatram takai rajök mörai bhum dak kău plaiḥ | moyóm ka pō bjak jak ça baik tagak mök yvön rabuv | möyóm pō bjak çik ça baik caric mök yvön jök rabuv | jvai jai jŏ dī lō ḍĕi lō trā jai jŏ[3] di kamĕi darā yök çjam bīnai | daā pō ljeń bī thruk lakău ka ayuḥ pō jamön.

TRADUCTION DES HYMNES

Hymne à P.ô Ganvör Mötri.

[*Commentaire cham.* — Pô Ganvör Mötri, « seigneur chef des ministres », est le dieu des sculpteurs, des graveurs et

Fig. 21[4].

des charpentiers. Pendant sa vie terrestre Mötri vécut en

Corr. 1. möçuḥ. — 2. hok. — 3. jjöń.
4. Pô Ganvör Mötri (= Çiva dansant). Temple de Pô Kloń Garai à Phan-Rang.

ascète et s'abstint toujours de manger de la viande de bœuf.

Pô Klon Garai, le roi Lépreux[1], en fit son ami et son con-
fident. Il le chargea plus tard de sculpter sa statue et celle
de sa monture, un bœuf de cinq ans.

Les statues terminées, Pô Ganvör Mötri les présenta au roi;
celui-ci après les avoir considérées quelques instants disparut
soudain.

La figure qui orne le fronton du temple de Phan-Rang est
Mötri; le linga à figure représente le roi Pô Klon Garai; le
bœuf de pierre placé à gauche dans le couloir du temple est

Fig. 22[2].

Kapila, le bœuf du roi, que montent les morts dans les enfers.]

« Mötri alla loin, il revint vers son frère et changea une
épine en figuier religieux.

Mötri s'éloigna encore, il revint vers son frère et créa le
palmier épineux.

1. Un roi, lépreux aussi, surnommé sdach komlon « le roi lépreux », régnait autrefois au Cambodge (Aymonier, *Notice sur
le Cambodge*, in *Dict. franç.-cambod.*, Saïgon, 1874, p. 5).
2. Le Bœuf Kapila (= Nandin). Jardin public de Tourane.

Il s'en alla et revint de nouveau ; avec une aiguille de palmier il toucha son frère ;

Son frère se retourna sur sa couche, s'éveilla et aperçut des éléphants qui s'avançaient,

Des éléphants chams qui pénétrèrent dans l'enceinte du palais, passèrent devant lui et poursuivirent leur route. »

Que le roi Môtri daigne accepter notre sacrifice.

Ce que doit faire le Maître de Maison
avant le sacrifice.

[*Commentaire cham*. — Avant la célébration d'un sacrifice domestique, le maître de maison doit balayer soigneusement sa demeure, prendre un bain purificatoire, étendre une riche étoffe sur le sol, se vêtir décemment, chasser toute pensée étrangère à la cérémonie et, se plaçant près de la porte d'entrée de son enclos, demander aux divinités, chacune en particulier, la permission d'offrir une oblation.

Il prononcera cette formule : « Que les dieux souverains se rassasient d'abord, les dieux inférieurs après et enfin les génies ! » Il suppliera les divinités de lui accorder le bonheur durant toute l'année. Quand les prêtres auront franchi son seuil, les ayant invités à se reposer, il disposera tout pour le sacrifice, afin que la cérémonie puisse s'accomplir selon le rite.]

« Le maître de la maison doit étendre sur le sol une belle pièce d'étoffe pour prier les divinités.

La figure souriante, se tenant près de la porte d'entrée, il invitera parents et voisins à venir s'asseoir à l'ombre de son toit.

Qu'il aime ses parents plus que les voisins railleurs, il gagnera ainsi l'affection des siens qui le tiendront au courant du mal qu'on dit de lui. »

Hymne à Pô Yaṅ Inö Nögar.

[*Commentaire cham*. — «La déesse mère du royaume » est
la créatrice de la terre, des plantes et des bois précieux. Elle
forma le grain de riz et enseigna aux hommes à le cultiver.

Le Roi du ciel respira avec plaisir la bonne odeur du riz
en épis mêlée au parfum du bois d'aigle ; pour lui rendre

Fig. 23[1]

hommage Pô Yaṅ Inö Nögar fit monter au ciel un grain de
riz ailé, blanc comme un nuage.

Le Roi du ciel sema ce grain qui produisit toutes les varia-
tés de riz. Différentes par la couleur et par l'aspect, elles se
ressemblent toutes intérieurement.

1. Pô Yaṅ Inö Nögar (Umâ, Bhagavatî). Temple de Nha-Trang.

Pô Yaṅ Inö Nögar déteste les méchants et favorise les bons. On lui offre des feuilles de bétel en les lui présentant les mains élevées.

La « déesse mère du royaume » s'appelle encore Muk juk la (Dame noire).

« Autrefois naquit la déesse Pô Nögar ; elle créa la terre, le bois d'aigle et le riz.

Le bois d'aigle et le bois de liñan [1] émanent d'elle. L'air qui l'environne a l'odeur agréable du riz ; c'est elle qui anime le figuier sacré.

Que l'homme qui presse sur son index la feuille de bétel [2] ou qui hume le parfum d'une poignée de riz rende hommage à la divine créatrice en lui offrant une oblation de fruits. »

Daigne accepter ce sacrifice, ô déesse, et exaucer la prière du maître de maison !

Hymne à Pô Pan.

[*Commentaire cham*. — Le roi Pan, dont le nom est aussi Pô Yaṅ Amö, « seigneur dieu père », est notre ancêtre ; il nous apprit à tisser les vêtements, à nous servir des outils et à vivre en société. C'est lui qui donna aux prêtres un bâton de gai jróṅ [3] ; c'est lui qu'il faut invoquer pour avoir de nombreux troupeaux, une vie tranquille et exempte de maladies.]

« Le dieu Pô Pan veille. Comme un oiseau se meut dans les airs, Pô Pan lit dans la nuit du passé.

Vêtu d'une robe splendide, appuyé sur un bâton d'ivoire, sa figure rayonne d'une beauté incomparable.

Pô Pan possède aussi un bâton de bois d'aigle, le roi au visage resplendissant.

1. Variété de bois d'aigle.
2. Pour préparer un masticatoire.
3. Rotin, *Calamus Roxburghii*, GRIFF.

Les filles churus, les plus belles, lui appartiennent; il les poursuit jusqu'au delà des sources brûlantes; bientôt ces filles deviennent sa conquête : elles vont coucher au feu [1]. »

Daigne accepter mon offrande, ô dieu, exaucer la prière du maître de maison.

Hymne à Pô Kloṅ Garai.

[*Commentaire cham.* — Pô Kloṅ Garai était le fils de la vierge-mère Pô Ṣaḥ Inŏ; il vint au monde couvert d'une lèpre hideuse qu'un nāga guérit en le léchant.

Ce dieu inventa l'art d'irriguer les rizières, de construire des barrages et des talus. Un bœuf âgé de cinq ans lui servait de monture; il s'éleva au ciel par sa puissance magique.

Tandis que dans les régions célestes, Pô Kloṅ protège les hommes qui l'implorent, son bœuf Kapila transporte les morts par les chemins difficiles des enfers.]

« Le dieu Pô Kloṅ adore les filles. Il ne consent à manger les mets du sacrifice que rangés sur deux files, offerts entre la deuxième et la troisième veille.

C'est ainsi qu'il faut disposer les oblations pour qu'elles soient agréables à Pô Kloṅ; il descendra alors de sa montagne, la tête ornée d'un beau turban, les pieds chaussés, pour prendre part au sacrifice. »

Hymne à Pô Bhók.

[*Commentaire cham.* — Le roi Pô Bhók demeure dans la montagne; son palais fortifié est bâti sur le bord d'un torrent.

1. Chez tous les Indo-Chinois (Annamites, Cambodgiens, Laotiens, sauvages etc.) l'expression *coucher au feu* signifie accoucher. Elle vient de l'habitude de tenir allumé pendant neuf jours un feu ardent près du lit des nouvelles accouchées.

Il aime la voix du singe et celle du paon. Il parcourt la montagne, suivi d'un paon qui fait la roue ; il s'assied sur une pierre quand il est fatigué, attendant les offrandes des hommes.

Pô Bhók commande aux orages ; il faut l'invoquer pour ne pas être foudroyé. Les fumigations de bois d'aigle, les libations d'alcool lui plaisent, mais il abomine la viande de bœuf.

C'est le dieu protecteur des bateliers et des marchands ; s'ils négligeaient de lui offrir des sacrifices, ce dieu offensé les ferait dévorer par ses tigres, poursuivre par ses éléphants ou piquer par ses serpents. Mais celui qui place sa confiance en ce dieu juste obtient des biens en abondance et une vie de bonheur.]

« Dans la solitude de la montagne, dans les fourrés impénétrables Pô Bhók se complaît. Il écoute le chant des oiseaux, les cris des animaux et les bruits de la nature.

Au sommet de la montagne, au milieu des rochers coule une rivière. Assis sur une pierre au bord de l'eau, les prières des hommes montent vers lui.

Il descend des hauteurs pour recevoir les oblations. »

Daigne accepter ce sacrifice, ô dieu, et exaucer la prière du maître de maison.

Hymne à Pô Rāmé[1].

[*Commentaire cham.* — Le dieu Pô Rāmé est doué d'une beauté incomparable. Sa tête est d'or, ses épaules et ses cuisses de bronze poli. A ses doigts brillent des bagues, ses souliers luisent comme le jour.

---

1. Probablement Rāma. « Pô Ramē « ancien roi divinisé »... ist augenscheinlich Râma, Râmêçvara, der Ramesuen der Siâmer. » Himly, *Ueber den Wörterschatz der Tscham-Sprache,* p. 339.

Autrefois Pô Rāmé était roi, il cultivait les rizières, ses serviteurs lui apportaient sa nourriture aux champs.

Le roi Pô Rāmé avait trois femmes : deux Cambodgiennes et une Annamite, si jalouses qu'elles emplissaient le palais du bruit de leurs querelles. L'Annamite se croyant négligée résolut de se venger du roi. Feignant d'être en proie à un mal inconnu, elle déclara qu'elle ne pourrait guérir que si l'on abattait l'arbre kraik [1], protecteur du royaume cham. Le roi qui aimait beaucoup cette reine ordonna à quatre habiles médecins d'examiner la malade. Les médecins ayant affirmé que la malade était en bonne santé furent décapités sur l'ordre du roi, mécontent de la consultation. L'Annamite voulait la perte du royaume cham : elle renouvela ses supplications et le roi, après avoir longtemps hésité, se décida à faire couper l'arbre kraik. Cent soldats armés de haches attaquèrent l'arbre, mais les blessures de celui-ci, doué d'un pouvoir magique, se refermaient aussitôt. Le roi furieux voulut en finir. S'emparant d'une cognée, il frappa l'arbre à coups redoublés : du sang jaillit et l'on entendit des gémissements. Le roi s'écria alors : « Eh ! kraik, pourquoi tourmentes-tu ma reine? Pourquoi te laisserai-je vivre? » L'arbre épuisé tomba et son sang inonda le sol.

Le roi, après avoir ôté la vie au protecteur de son royaume, perdit son trône; trahi par sa femme annamite qui le livra au roi d'Annam, il fut coupé en morceaux. Sa femme de premier rang, une Cambodgienne qui l'avait toujours aimé, obtint qu'on lui remît les incisives du roi pour leur rendre un culte.]

« Quand Pô Rāmé descend des hauteurs où il règne, son corps resplendit et sa tête lance des éclairs.

Les cheveux se dressent, le cœur [manque] quand on voit

____

1. *Mesua ferrea*, Linn. (Guttifères). Bois de fer, *ann.* văp.

Pô Rāmé, car son visage brille comme l'or, est limpide comme l'eau pure.

A la cour la reine Akaraṅ et la reine Than Chan se disputent ses faveurs, mais ce dieu qui aime le calme, quitte son palais pour échapper aux querelles de ses épouses. »

Daigne le dieu, semblable au soleil, accepter ce sacrifice et exaucer la prière du maître de maison.

Hymne à Pô Ṣaḥ Inŏ.

[*Commentaire cham*. — Autrefois la mère du roi Pô Kloṅ Garai, Pô Ṣaḥ Inŏ, était religieuse. Ses miracles étonnaient les hommes. Surprise pendant une guerre par des soldats en furie qui voulaient la tuer, elle parvint à les attendrir par ses chants.

Pô Ṣaḥ Inŏ quitta son ermitage pour se marier ; ses trente-sept époux lui donnèrent trente-sept fils qui devinrent rois. Elle institua les rites agraires et distribua d'abondantes aumônes.

Plus tard, Pô Ṣaḥ Inŏ changea de sexe pour être Roi du Feu. Son règne dura douze ans. Ce temps écoulé, Pô Ṣaḥ Inŏ, redevenue femme, changea son nom pour épouser Liêm Ðông, roi de Chine (ou d'Annam), dans le royaume duquel elle introduisit les bonnes manières et les sacrifices de buffles et de poules.

Pô Ṣaḥ Inŏ, longtemps après, monta dans les nuages tenant une épée dans chaque main. Quand elle se manifeste, une chaleur intense se produit et les nuages deviennent lumineux.

Protectrice des marchands, qui ne l'invoquent jamais en vain, elle partage avec Pô Kloṅ Chan, roi des cavernes, le pouvoir de guérir toutes les maladies.]

« La bienfaisante Pô Ṣaḥ prépare les rizières, fait croître

en abondance la précieuse canne à sucre : placez votre confiance dans la bienfaisante Pô Ṣaḥ.

Que des filles à la voix douce chantent la nuit les louanges de la bienfaisante déesse.

Qu'elles aillent dans la montagne, à la lisière des bois, accompagnées de musiciens sur deux rangs, en suivant la route qui mène au séjour de Pô Kloṅ Chan. »

Daigne accepter ce sacrifice, ô déesse, et exaucer la prière du maître de maison.

Hymne à Pô Kloṅ Gaṣait.

[*Commentaire cham.* — Ce dieu était le ministre du roi Pô Kloṅ Garai. Sa naissance fut miraculeuse : il sortit d'un nuage de fumée. Pô Kloṅ Gaṣait n'a pas de famille et ne s'est jamais marié[1]; il aime les lieux sombres, la forêt épaisse et la solitude.]

« Il pleut dans la montagne plongée dans l'obscurité ; la robe et la tunique du roi Pô Kloṅ Gaṣait sont trempées d'eau.

La pluie tombe dans la montagne ; elle tombe avec fracas traversant les vêtements du roi.

Il pleut sur le mont Rapat, le dieu et sa femme se baignent ; ils ont de l'eau jusqu'à la bouche et le roi ne sait pas nager.

Le roi regarde l'eau tomber, il aperçoit des hommes qui construisent des talus de rizière, qui font couler l'eau dans des canaux.

Pô Kloṅ Gaṣait se met au travail et pioche la terre. Il aperçoit l'oiseau badoṅ[2] sur une branche de citronnier, l'oiseau de la déesse Darī, qui lui dit :

« La maison de la déesse est ruinée par les termites ».

---

1. Ce détail est en contradiction avec la troisième strophe de l'hymne qui lui est dédié.
2. *Crypsirhina varians* (*ann.* chim khách).

Alors le dieu va à la forêt couper des colonnes pour la reconstruire. »

Daigne accepter ce sacrifice, ô dieu, et exaucer la prière du maître de maison !

Hymne au génie Cathun[1].

« Le génie Cathun aime la sagesse, il n'est jamais irrité, personne n'a un cœur aussi bon.

Le harnais de son cheval est garni de grelots, sa cravache est rouge ; le génie Cathun monte bien à cheval.

Il part, il galope. Quand il entend une voix, le génie tourne la tête et dirige son cheval où on l'appelle.

Il boit l'alcool d'oblation et accepte les offrandes d'œufs de poule quand on l'implore par la voix d'une devineresse. »

Daigne accepter ce sacrifice, ô génie, et exaucer la prière du maître de maison.

Hymne au génie Yañ In.

« Sur une belle montagne où croît l'arbre kaloñ[2], le magicien Yañ In opère des miracles.

On dit qu'il fit sortir par magie de l'eau glacée de sa belle montagne.

Yañ In a près de lui [son frère] Jabán qui le regarde pendant qu'il tient la corde d'un cerf-volant.

Le cerf-volant plane dans les airs, agrémenté de banderolles ondulantes.

On entend un grand bruit au milieu du jour ; une bataille se livre et la gracieuse Sîtâ est enlevée. »

Daigne accepter ce sacrifice, ô dieu, et exaucer la prière du maître de maison.

1. Prononcez : *tiatoune*. Les Chams n'ont rien pu m'apprendre sur ce génie. Yañ In est probablement Indra.

2. *Dipterocarpus crispalatus* (Diptérocarpées). *Annam.* cây dâu lông.

Hymne à Pataṅ Gahlău.

[*Commentaire cham*. — Les trois fils du roi du bois d'aigle (Pataṅ Gahlău) et le roi Baleine (ou Roi des Flots)[1] ont fait alliance pour gouverner ensemble leur domaine.

Quand le roi Baleine se déplace, tous les poissons l'escortent. Malheur aux hommes qui lui jettent des pierres ou qui essaient de s'en emparer, les maladies les plus graves les atteindront.

Le roi Baleine flotte à la surface de l'eau comme une bouée; de loin il paraît jaune. Pendant les tempêtes le roi Baleine se métamorphose en cygne, il se tient alors dans l'embouchure des rivières ou dans les mares d'eau douce à proximité de la mer.

Il y a bien longtemps le roi Baleine habitait au Laos, il y fonda des temples dont il est le génie protecteur.

Les bateliers qui entendent le troisième coup de tam-tam doivent implorer sa protection, il les sauvera du naufrage mais laissera périr les impies.

Le roi Baleine veille toujours sur eux, la nuit il fait une ronde et renfloue les bateaux. Offrons-lui des présents de choix. Les Cambodgiens et les Annamites qui savent ce qui lui est agréable lui offrent des noix de coco, trois œufs cuits et de l'alcool.]

« Les [trois] rejetons de Gahlău et le Roi des Flots ont le même cœur, ils ont conclu une alliance et fondé un royaume.

Mille poissons escortent ces seigneurs qui reviennent de Mökkah[2].

---

1. Faut-il voir ici une réminiscence du Makara hindou, être fantastique, moitié antilope et moitié poisson, qui sert de monture à Varuṇa, dieu de l'Océan?

2. La Mecque. Un prêtre brâhmaniste m'assura un jour que toutes les divinités féminines, parmi lesquelles le Pô Mahamat(1),

Ils reviennent de Mökkah et les poissons les précèdent.

Au milieu de la nuit les poissons s'assemblent; ils suspendent à l'extrémité des vagues, des clochettes qui se mettent à tinter.

Le Roi des Flots entend leur son, il se change en cygne et nage à la surface de l'eau.

Il se rend sur le mont Dil pour chercher un lieu de repos dans l'épaisse forêt.

Sa demeure, gardée par des Annamites, est bâtie dans un site enchanteur. »

Daignez accepter ce sacrifice, ô dieux, et exaucer la prière du maître de maison.

Hymne à Pô Kloñ ou Pô Binçvör[1].

« Pô Kloñ et sa femme habitent une montagne jaune [dorée].

Le roi aiguise une épée et se lance dans la mêlée. Son épée se rompt, mais le roi continue à combattre avec une hache.

La hache se met en pièces, on lui présente une épée acérée, l'épée se brise encore, Pô Kloñ en prend une autre; il s'écrie : « Rāja, je ne recule jamais! »

La bravoure du roi est digne de louanges, avec son épée flamboyante il tue mille Annamites.

Puisse [ce roi valeureux] ne pas se laisser prendre aux caresses insidieuses des belles yakṣīs! »

Daigne accepter ce sacrifice, ô dieu, et exaucer la prière du maître de maison.

vivent aujourd'hui en un endroit très loin dans l'ouest, sorte de paradis qui s'appelle Mökkah. Il ajouta qu'il n'avait pas lu cela dans ses livres à lui, mais bien dans ceux du Pô Ovlvah. Il s'agit évidemment de Mahomet, de la Mecque et d'Allah. On peut juger par cet exemple de la confusion inextricable qui règne dans les idées religieuses des Chams.

1. Autre nom de Pô Kloñ Garai?

PRIÈRES DES GRANDES FÊTES

Les Prières des Grandes Fêtes, qui suivent, sont des formules probablement fort anciennes, dont l'ensemble constitue un document du culte cham rempli d'intérêt.

Elles se divisent en sept parties qui sont, respectivement,
le chant liturgique d'une cérémonie sacrée ou des prescriptions relatives au rituel.

La première partie traite de la couleur des boulettes funéraires de riz, de la forme qu'elles doivent avoir et du jour
convenable pour les offrir aux mânes. Écrite en cham, cette
partie est par suite de signification claire.

La seconde partie est une incantation aux divinités des
divers points de l'espace. Mélange confus de sanscrit et
de cham, aussi maltraités l'un que l'autre, cette incantation tout entière peut se résumer ainsi : « Om! Hommage
aux divinités de l'espace ! Puissent-elles accepter mon
offrande en cette année, en ce mois, en ce jour! » Une apostro-
phe (II, *b*) aux malheurs des douze années du cycle désignées
chacune par un nom d'animal[1], ainsi conçue : « Que les
malheurs de l'année du Rat (du Buffle, du Tigre, etc.) s'en-
fuient! » clôt cette partie.

Une dhāraṇī inintelligible en sanscrit très corrompu, par-
semée d'expressions paraissant chames à premier examen,
mais qui ne sont en réalité que des mots sanscrits remaniés
par les Chams, fort enclins à l'étymologie populaire, pour leur
donner l'apparence de vocables de leur langue, constitue la
troisième partie des Prières des Grandes Fêtes. Opérer des
remaniements dans un pareil texte, en corriger les leçons

1. Rat, Buffle, Tigre, Lièvre, Dragon, Petit Serpent, Cheval,
Chèvre, Singe, Poule, Chien, Cochon.

fautives, dépasserait les droits d'un éditeur, aussi me suis-je appliqué à respecter tous les caprices de l'orthographe du manuscrit et, pour couper les mots, à réunir les syllabes qui présentaient un sens acceptable en sanscrit. J'ai noté en interligne les mots sanscrits qui ont le plus de chance d'expliquer le texte de ces prières traditionnelles, souvent répétées, auxquelles l'ignorance apathique de Chams paraît ajouter sans cesse de nouvelles déformations et de nouveaux nonsens. Il est peu probable que ces formules aient été directement tirées d'un prototype sanscrit ; tout porte croire, au contraire, qu'elles résultent de l'amalgame de portions de textes conservés de mémoire et sans lien entre elles.

Je me bornerai donc à livrer ces documents sans essayer d'en tirer un texte sanscrit hypothétique ni de traduire des paroles magiques qui ne présentent pas toujours, même en sanscrit, un sens suivi. Cette entreprise serait d'ailleurs dénuée d'intérêt et sans valeur critique.

La quatrième partie est une incantation que l'on prononce au moment de choisir l'emplacement où s'élèveront les huttes destinées au culte, et dont j'ai parlé à propos du Paralâ rijā Ṣaḥ[1]. La structure générale de ce texte est du cham mêlé dans une large mesure de mots sanscrits plus ou moins défigurés, mais assez correct pour écarter les interprétations trop aventureuses.

Il y a lieu de répéter ce que je viens de dire au sujet du Sacrifice et de l'Incantation aux Nāgas qui constituent la cinquième et la sixième partie. Les noms de nāgas du texte cham à l'aspect hindou ont été rapprochés, et cela uniquement pour donner une direction aux conjectures, de certains noms de serpents puisés dans la liste du Mahābhārata (Adiparva, sect. XXXV, p. 113 de l'éd. P. C. Roy, Calcutta, 1889).

____

1. V. page 39.

La septième partie, enfin, comporte des prescriptions liturgiques concernant le Sacrifice aux Pretas.

On voit par cet exposé que ces curieuses prières marquent
une continuité intime et inconsciente du brâhmanisme dans
l'âme des Chams; fait qui me paraît constituer un élément de
plus à la thèse émise dans l'introduction sur l'influence pré-
pondérante de l'Inde dans la civilisation religieuse des Chams.
Il était donc utile de fixer cette dernière expression de l'hindouisme chez un peuple trop faible pour se renouveler,
après s'être si longtemps survécu, et qui disparaît comme
race et comme religion.

TEXTE DES PRIÈRES DES GRANDES FÊTES

I

◎ Nī çvattik çidhik |||

Nī harĕi adit debatā takrŏ dī tapuṅ patiḥ mörjaḥ kañik
ṅan boḥ kayău ṅap rup lamóv bā nå puja kaḥ pur kakuḥ
debata klău harĕi yok || harĕi k) tapuṅ patiḥ hataṃ jer klău
khal bā nå puja gaḥ agriḥ ||

bloḥ tajuḥ pluḥ tabjak

harĕi a tapuṅ hataṃ kañi 3 khaṅ tapai jer klău khal pānå
puja gaḥ dak şānök | harĕi 4 tapuṅ hataṃ liyvaṅ tapuṅ
mötaḥ ṅap rup lamóv panå puja gaḥ pai ṅan payap | harĕi
5 tapuṅ putiḥ bar putiḥ laṅŏ putiḥ ya pa kajhiḥ bā nå puja
gaḥ ba yap ||

harĕi 6 tapuṅ putiḥ morjaḥ braḥ putiḥ kañik nam lak daṅ
patik baṅū bā nå puja gaḥ agriḥ || debatā takrŏ dī braḥ patiḥ
tapuṅ patiḥ mörjaḥ bā nå puja gaḥ eşan kakuḥ debatā 4 harĕi
pok |||

Manuscrit sur olles des Prières des Grandes Fêtes (1re partie).

II a.

❧ Nī çvatti çidhi kariyä
svasti siddhi kārya

Kuāba tinök çarba abiḥ drĕi dĕbatā mörai pok kāl panok
sarva   devatä māra
ṣaliḥ paklaḥ di panoja kău nī |
Oṃ kabālā bhuttai çadai mörai pok khala panṣaliḥ panoja
kapāla bhūta sadā māra
kău ni dī thun nī dī bulan nī dī harĕi nī padraḥ ||
Oṃ çarba tinöy bhuttay çadai mörai pok kālla panṣaliḥ
sarva   bhūta sadā māra
paklaḥ dī panoja kău nī dī thun nī dī bulan nī dī harĕi nī
padraḥ ||
Oṃ kayya | çvāhā ||
kārya svāhā
Oṃ paycimö buttay çudai mörai pok kalla panoja kău nī
paçcima bhūta sadā
| ya çvāhā
svāhā
Oṃ dakṣinö bhutday çudai mörai pok kalla panoja kău nī
dakṣinā bhūta sadā
dī thun nī dī bulan nī dī harĕi nī bādraḥ ||
Oṃ jaya çvatti bikay bhuttay çudai mörai pok kalla panoja
jaya svasti   bhūta sadā
kău nī | ya çvāhā ||
svāhā
Oṃ panca bhuttay çuday mörai pok kalla panoja kău nī
pañca bhūta sadā
dī thun nī dī bulan nī [di] harĕi [ni] padraḥ ||
Oṃ uttaray bhuttay çudai mörai pok kalla panoja kău nī
uttara bhūta sadā
dī thun nī dī bulan nī dī harĕi nī pudraḥ ||

Oṃ jaya bīraṣakti kău nī | ya çvāhā ||
　　jaya　vīra çakti
Oṃ agriḥ bhuttay tokday morai pok kalla panoja ya kău
　agrya?
nĭ ||
　Om nairitiay bhuttay çudai morai [p]ok kalla panoja kău
　　　nairṛtī
nī dī thun nī dī bulan nī dī harĕi nī padraḥ |||
　Oṃ bayyabiai bhuntay çudai morai pok kalla pan panoja
　　vāyavyai　　　　sadā
kău nī dī thun nī dī būlan nī dī harĕi nī padraḥ ||
　oṃ eṣanniöy bhuttay çudai morai tok kalla panoja kău nī
　　　īçāna　　　bhūta　sadā
dī thun nī dī bulan nī dī harĕi nī padraḥ ||

II *b*.

peda dī nöçak takuḥ tabhjak nå |
peda dī nöçak kăbau tabjak nå |
peda dī nöçak ramoṅ tabjak nå |
peda dī nöçak tapai tabjak nå |
peda dī nöçak nögaray tabjak nå |
peda dī nöçak ulaḥ anaiḥ tabjak nå |
peda dī nöçak açaiḥ tabjah nå |
peda di nöçak pabaiy tabjak nå |
peda dī nöçak krā tabjak nå |
peda dī nöçak mönuk tabjak nå |
peda di nöçak athău tabjak nå |
peda dī nöçak pabuĕi tabjak nå |||

III

Oṃ çap talöp kapāla raṣa kău nī |
　　kapāla　rāsa

Oṃ deṣas talök kapāla rakṣa kău nī |
    deça   kapāla rakṣa
Oṃ nópba griha kapāla rakṣa kău nī |
    gṛha
Oṃ rak hake thun ta rakṣa kău nī |
Oṃ jaya tamŏ peda tabjak |
    jaya
Oṃ balabha tamŏ peda tabjak |
Oṃ çrja çrja danuḥ jaça nöçik paḍik karolobhirya
    crī   yaçaḥ
çvāhā |||
svāhā
Kanön tok taliṣar paraiṣa çapak barav mö çuṃvic dī ja
jamön nöramöṅ ṣarōyak gaçital patdaḥ | palahī çaḥ ba
                sūrya
bikröḥ abiḥ nå |||
Oṃ mörö binaiṣay yaçaḥ çvāhā |
    māra vināça yaçaḥ svāhā
Oṃ lanṣan mörö djem binaiṣay yatha çvāhā |
    lañjā   yama vināça yaçaḥ
Oṃ nöçik gadvai mörö djem binaiṣay yaçaḥ çvāhā |
                    yama vināça
Oṃ preta gadvai mörö djem binaiṣay yaçaḥ çvāhā |
    preta
[Oṃ] çit gadvai rödjem binaiṣay yaçaḥ çvāhā |
              rāja
Oṃ nökha nögarödjem binaiṣay yaçaḥ çvāhā |
    nāga   nāgarāja
Oṃ urŏrödjem binaiṣay yaçaḥ çvāhā |
    uragarāja
Oṃ çar tadvai rödjem binaiṣay yaçaḥ çvāhā |
Oṃ banca dvai rödjem binaiṣay yaçaḥ çvāhā |
    pañca
Oṃ biḥya dvai rödjem binaiṣay yaçaḥ çvāhā |

Oṃ oṃ batu dvai rödjeṃ binaiṣay yasaḥ çvāhā |

Oṃ çarba papadeṣa binaiṣay yaçaḥ çvāhā |
    çarva pāpadeça vināça

Oṃ çarba bikrök deṣa binaiṣay yaçaḥ çvāhā |

Oṃ carba babhai deṣa binaiṣay yaçaḥ çvāhā |

Oṃ jaçudaṅ deṣa binaiṣay yaçaḥ çvāhā |

Oṃ hardai deṣa binaiṣay yaçaḥ çvāhā |
    hṛdaya

Oṃ grū hajak deṣa binaiṣay yaçaḥ cvāhā ǁ
    guru

Oṃ prarathak deṣa binaiṣay yaçaḥ çvāhā ‖|

Oṃ pitta ṣapbirçaḥ jómçaḥ çvāhā |
    pitā sarvaças yasaḥ svāhā

Oṃ möta ṣapbir[çaḥ] çvāhā |
    mātā

Oṃ pótrak ṣapbirçaḥ jómçah çvāhā ǁ
    pautra yaçaḥ

Oṃ miḥ ṣapbirçaḥ jómçaḥ çvāhā |

Oṃ bihrūpa ṣapbirjhaḥ ṅrómjhaḥ çvāhā |
    virūpa sarvaças yaçaḥ

Oṃ bhūta ṣapbirjhaḥ ṅrómjhaḥ çvāhā |
    bhūta

[Oṃ] kubör ṣapbirjhaḥ ṅrómjhaḥ çvāhā ǁ
    kuvera

Oṃ bhap, ṣapbirjhaḥ ṅrómjhaḥ çvāhā ǁ
    bhava?

[Oṃ] röṣap birjhaḥ ṅrómjhaḥ çvāhā ǁ
    rasa vīrya

Oṃ mötiḥ ṣapbirjhaḥ ṅrómjhaḥ çvāhā ǁ
    mātṛ?

Oṃ gutat ṣapbirjhaḥ ṅrómjhak çvāhā ǁ

Oṃ ṣarbatṣap birjhaḥ ṅrómjhaḥ çvāhā ǁ
    sarvaças vīrya

Oṃ jharba bhröṅ ṣapbirjhaḥ ṅromjhaḥ çvāhā ǁ

[Oṃ] ṣanṣap birjhaḥ ṅróṃjhaḥ çvāhā ||
    çaṃsa   vīrya

Oṃ ḥakṣap birjhaḥ ṅróṃjhaḥ çvāhā ||

Oṃ kaměi ṣapbirjhaḥ ṅróṃjhaḥ çvāhā ||
    kāma

Oṃ yakṣap birjhaḥ ṅróṃjhaḥ çvāhā ||
    yakṣa

[Oṃ] karḍuli ṣapbirjhaḥ ṅróṃjhaḥ çvāhā ||

Oṃ brahmörūp çaphat ||
    brahmarūpa phaṭ

Oṃ bhiḥṣarūp çaphat ||
    bhīṣārūpa

Oṃ bhakṣarūp çaphat ||
    bhakṣarūpa

Oṃ ubraḥṣarūp çaphat ||

Oṃ ṣajhi saraṅ yakṣa bhūtrai praṣa mörai jharba yakṣa
    lokebyaḥ jarjhir çvāhā ||
    lokebhyas

Oṃ jhakñaiçar möhöṣuran ñaṅ jhaja libarya ṣarjhiparji
                mahāsūra
    çvāhā ||

Oṃ raṅjha yujhai möjhihuṃ pharjhir çvāhā ||

Oṃ jharba balajhya ṣayuhjai yamö ṣarjhi huṃ pharjhir
    çarva   bala jaya sāyujya yama   hum
  çvāhā ||

Oṃ raksā liay ka ṣayujhay yamöm ṣarjhi huṃ pharjhir
    rakṣa   sāyujya yamam   hum
  çvāhā ||

Oṃ gramöṃ çarba jhaçari möhöyakṣa bhūtjha tar rāja
    grāmam çarva   mahāyaksa bhūta   rāja
  parai liparöy möṣarji huṃ pharjir çvāhā ||

Oṃ jharpa lajha yakṣa bhūjhay möṣar jhi huṃ phar jhir
    çarva   yakṣa bhūta?
  çvāhā ||

Oṃ jharva yaksa bhuttay [ya]mö ṣanti huṃ phaṭ ranī
 sarva yakṣa bhūta [ya]ma çānti phaṭ
çvāhā ||

Oṃ möhŏ raksa bhuttay yamö ṣanti huṃ phatti çvāhā ||
 mahārakṣa bhūta yama çānti hum phaṭ svāhā

Oṃ brahmö yakṣa bhuttay yamö ṣanti huṃ phatti
 brahma yakṣa bhūta yama çānti hum phaṭ
çvahā || .
 svāhā

Oṃ bihṣa yak bhuttay yamö ṣanti huṃ phatti çvahā ||
 bhīṣā yakṣa bhūta yama

Oṃ grū yakṣa bhuttay yamö ṣanti huṃ phatti çvahā ||.
 guru

Oṃ insuraṅ yakṣa bhuttay yamö ṣanti huṃ phatti
 āsura
çvāhā ||

Oṃ çida ṣiba yakṣa bhuttay yamö ṣanti huṃ phatti
 siddhi çiva yakṣa bhūta yama
çvāhā ||

Oṃ curā curā | tada tada danḍa ba möhŏ yakṣa bhuttay
         mahāyakṣa bhūta
yamö ṣanti huṃ phatti çvahā ||

Oṃ rutdra ṣanti çvāhā möhö ṣapandhja ṣanti prariyā
 rudra   mahā subandha? çānti
lokkebjaḥ ṣanti çvāhā ||
 lokebhyas

Oṃ çarbi gröḥ parriṣaṃmönöy ṣanti çvāhā ||
     pariçamana?

Oṃ triṣapandhjayamö ṣanti huṃ phatti çvāhā ||

Oṃ oṃ ṣibhome tuk çada sibāḥya nömoḥ çvāhā ||
  çivöme tu sadā çivāya namaḥ svāhā

Oṃ paramöhŏṣuraṃ paramöhŏṣuraṅ daṅnö binaṣinaṃ
 parameçvara parameçvara dāna vinaçinam

Oṃ iṅ titaçaraṃ ||

Oṃ (itarañya nömō thirdhai mukkhai nöbaṅ ṣubañya çivāya
nömō ||
namaḥ

Oṃ iṅram oṃ iṅnröṅya nömō innraṅ mukkhai nömai
indram indrāya namaḥ indra mukhāya namaḥ
ṣibañya nömō ||
çivāya namaḥ

Oṃ purböṃ purvañya nömö purböm mukkhai nömai
purvam purvāya namaḥ purvam mukhāya namaḥ
ṣibañya nömö ||
çivāya namaḥ

Dakṣinaṃ dakṣinañya nömö dakṣinaṃ mukkhai nömai
dakṣinam dakṣiṇāya namaḥ dakṣiṇam mukhāya namaḥ
ṣibañya nömö ||
çivāya namaḥ

Oṃ raktaṃ ratañya nömö ratam mukkhai nömai ṣibañya
raktam raktāya namaḥ raktam mukhāya namaḥ çivāya
nömö ||

Oṃ taṅpuruṣaṃ tatpuruṣatya nömö tatparuṣaṃ muk-
tatpuruṣam
khai nömai ṣibañya nömö ||

Oṃ ṣvittam svittañya nömö [ṣvit]taṃ mukkhai nömai
çvetam çvetāya namaḥ çvetam mukhāya namaḥ
ṣibañya nömö ||
çivāya namaḥ

Oṃ kubiraṃ kubarañya nömö ku[bi]raṃ mukkhai nömai
kuveram kuverāya namaḥ kuveram mukhāya namaḥ
ṣibañya nömö ||
çivāya namaḥ

Jhrī pho raṃ ayorañya nömö ayorañ mukkhai nömai ṣi-
çrī rāma
bañya nömö ||

Oṃ jvöllöṃ jvöllañya nömö jvöllöm mukkhai nömai
jvalam jvalāya namaḥ jvalam mukhāya namaḥ

şibańya nömŏ ||
.çivāya namaḥ

Oṃ eşannröń oṃ şannröy nömŏ eşannröń mukkhai
    candra   oṃ candɩāya namaḥ candra   mukhāya
nömŏ çibańya nömŏ ||

Oṃ parameçura parameçurańya nömŏ parameçurań
    parameçvara parameçvarāya namaḥ parameçvarāya
mukkhai nömŏ çibańya nömŏ ||
mukhāya namaḥ çivāya namaḥ

Oṃ inti çarva möhŏdebā surańya nömŏ ya nömŏ krölti-
    indra çarva mahādeva sūrāya
şapabhomittjaṃ nögute jhidhik bamöyti ||
                    siddhi

Oṃ oṃ şipome tuk çida şibahya nömŏ çvāhā ||
    çivome tu sadā çivāya namaḥ svāhā
    Om ḍeyā ||
ḍebaḥ jaya | tanöpaḥjaya | raja jaiya | çön jayā | mantri
    deva jaya   dānava?   rāja jaya senā   mantrin
jaya | manta jaiya | pittajaya | öńla jaya | deçajaya | arbhaḥ
    mantra   pitā   deça
jaya | daçaçanö jaiya | birjo jaiya | kirtijaiya | eşa jaiya
    deça senā   vīrya   kīrti
kirti jaya | bandupajaiya | dapaçajaiya | şagatiḥ jaiya | bi-
kīrti   sugati   vī-
rya jaiya | bhobhajaiya | puttraḥjaiya | pótra jaiya | kulkha
rya   putra   pautra   kulika
jaiya | praşuḥ jaiya | karmökara jaiya | deşajaiya | gramö-
    prasū   karmakara   deça   grama
jaiya | sotrahjaiya | gramöjaiya | trailokebjaḥ ya nömöḥ
    çūdra   grama   trailokebhyaḥ   namaḥ
ya çvahā ||
    svāhā
    Oṃ çvattik | grū çvattik | debaḥ çvattik | tanöpaḥ çvattik
    svasti guru   deva   dānava?

| rajä çvattī | çenö çvattī | mantrī çvattī | manta çvatti |
  rāja   senā   mantrin   mantra
oṅlaḥ daçaçanö çvattī | yakṣa çvattī | praṣuḥçvattī | debaḥ
                yakṣa   prasū   deva
çvattī | gramöçvatti | rakṣaçvatti | trailokebjaḥ ya nömöḥ
      grama   rakṣa   trailokebhyaḥ   namaḥ
çvahā |||
svāhā

Oṃ çitdhi grū çitdhi debaḥ çitdhi || tanöpaḥ çitdhi | rajä
om siddhi guru   deva   dānava (?)   rāja
çitdhī çittadhi | çön çitdhi | mantri çitdhi | manta çitdhi |
siddhi   senā   mantrin   mantra
pitta çitdhi || oṅlaḥ çitdhi || daçaçanöḥ çitdhi || yakṣa çitdhi ||
pitā   yakṣa
dapataḥ çitdhi | karatiḥ çitdhi || gramöçitdhi || karmöka çit-
            kīrti   grama   karmaka[ra]
dhi | kratiḥ çitdhi | pandebaḥ çitdhi | praraṣuḥ çitdhi || pótra
kīrti   pāṇḍava   paraçu?   pautra
çitdhi || banya çitdhi || gramöçitdhi || kaṣotra çitdhi || rāmöçit-
       vāṇiya   grama   kṣatriya   rāma
dhi || deṣa çitdhi || trailokebiaḥ || oṃ oṃ oṃ ṣibūme tuk jhaḍa
    deça   trailokebhyaḥ   çivome tu sadā
ṣibāya nömöḥ çvāhā | ||| |
çivāya namaḥ svāhā

IV

❧ Nī baliḥ çaṅ |||

Dī oṃ nömai ṣibaya ka yău kā drĕi kău ni | barau möṅ kău
tabjak dī çaṅ kabov garut cagoṅ[1] nögaray ba pör nå tapa
taçik laikuli[2] tamö djeṅ paṣan ramöḥ | laik dalaḥ möta jjöṅ
ijā ṇar | laik lubaṅ aduṅ kamö[3] jjöṅ lubaṅ çadam jva | laik

1. Corr. cakoṅ. — 2. Corr. laik kalik. — 3. Corr. tamö.

jamöṅ ça tamö jjöṅ hulau cök || laik möṅ jamöṅ jjöṅ cróḥ ||
laik ḅók tamö jjöṅ çudók laçók || laik ḅók tamö jjöṅ ça pō
kulidvai || laik takvai tamö jjöṅ jāṇar | laik prvöc tahā tamö
jjöṅ króṅ || laik lapoṅ tamö jjöṅ pabuṅ cök | laik höp tamö
jjöṅ hvl | laik prvöc mödha tamö jjöṅ kön | bunuk tamö
jjöṅ kön || barauv kău mök gai jröṅ rilvai kău köḥ prvöc nai
nögaray kău jröṅ ṅok dhan bunuk taṅan dhan kjöṅ kău pa-
klaḥ diçan nötö[ṃ] araṅ dinan | bunī taṅam caṃ çjaṃ taṅan
lōv çróv taṅan raglai uraṅ kuṣai dī nan abiḥ kumĕi yalöḥ
ḅuk paḥ tada | kău brĕi nå mötai tamö tanö riyā nī nå pa-
draḥ || baröv kupvak buçĕi bat japutiḥ | kău baliḥ dī tanöḥ
mö roṅ kura || kău bāliḥ dī tanöḥ möçaṅ hadaṃ jva | kău
baliḥ dī tanöḥ möroṅ limöṅ || kău baliḥ dī tanöḥ moja lakön
atauṅ || kău bāliḥ di tanöḥ ta kadău bö || kău baliḥ dī tanöḥ
mö[k] raḍaiḥ putau || kău baliḥ abiḥ tanöḥ ṅan upak mö bikal
trā |||

V

❧ Höc óṅ ula cil çumil mörai tok panoja kău nī | höc óṅ
ula pārāvak jak göp mörai tok panoja kău nī || höc óṅ ula
pō bhaṅduraṅ mörai tok panoja kău nī || höc óṅ ula tunīṃ
galaṃ mörai tok panoja kău nī | höc óṅ lipan kajar mörai
tok panoja kău nī | çĕi dók dī lubaṅ mū | çĕi dók dī lubaṅ
katvac ḍvöc mörai tok panoja kău nī | abiḥ ula nan mörai
ḅaṅ patrai löḥ lvai dī anök jamja kuḅar ya kău nī || höc nö-
garay mörjaḥ dók dī mötöḥ nögar mörai tok panoja kău nī ||
höc nögaray putiḥ dók dī jiḥ nögar mörai tok panoja kău ni
|| höc nögaray çitaṃ dók dī dalaṃ nögar mörai tok panoja
kău nī || mörai ḅaṅ patrĕi löḥ lvai dī anök jamja kaḅar ya
kău nī | kău lakău dī cupō kău bājrū | kău lakău dī çupō
möḥö töl kău kiṅ padaṅ töl kaḍa mönñöp haḍaṅ tjan nögaray

| kău kīň paḍań giń kaḍa mö̈ö̈p piń nögaray | kău kīň
ńap var lamóv kaḍa mö̈ö̈p anök picóv nögaray || kău kīň
ńap jalan kaḍa mö̈ö̈p tjan nögaray | yaḥ nögaray putiḥ kău
daā nå dók töl ńak yvol | yaḥ nögaray möriaḥ kău daā nå.
dók töl çulău cök | yaḥ nögaray çitaṃ kău daā nå dók töl
mötö̈ḥ cök | dupō tvai vök eḥ bhuṃ dupō trā dupō dók dī
alā athău tańan mjav lamóv tańan kubav | anök mö̈nviṣ abiḥ
ñu aḥ di akók badók dupō || ||| || ||| || ||| ||

VI

☙ Nī baniḥ klan |||

Dī oṃ nömai ṣibāya ka yău ka drĕi kău nī | kău jjöń yań pō
ku biḥ nuk kău thău jala ti jamonjeń klan | klan nögar jjö̈ṇ
dī lankā | klan jjöń dī mahö̈ çamudrā baröv nögaray jaók biḥ
luk | klan ńan ula tubań acar yathău jamöniń klan chai nan
barāv ańvĕi löp çaḥ jhvahā[1] | oṃ çvahā | tijhvati[2] çvahā
oṃ | ṣań | tå braḥ ça kubar | nå deṣçi[3] nå nögar lankā | oṃ
cuḥ cuḥ | jruḥ jruḥ jruḥ | oṃ çaḥ | binuk deṣ la | oṃ pa
abiḥ binuk | oṃ tuḥ binuk | nå padraḥ papaḥ arak tanī |
oṃ bīrya jhvahā | oṃ jaya möhö̈ möhö̈ jaya çvaha | oṃ
çvatti möhö̈ çvahā | oṃ çitdhi möhö̈ çitdhi çvahā | oṃ biriyā
möhö̈ biriyan | brĕi çitdhi dī lak ṣakti || dalaṃ at[a]mö̈ kău
brĕi ṣakti panoja kău nī | brĕi çitdhi ramöń möda yań canrö
| brĕi çitti ramöń möda çamudra | brĕi çitti ramoń möda
ayuṣ | brĕi çitti ramöń möda yań aditjak | brĕi çitti ramöń
möda bituk tar | brĕi çitti dalaṃ at[a]mö̈ kău nī | brĕi çitti dī
dadön kallak oṃ biryā çvahā ||| ? | ? | ? |||

1. Corr. çvahā. — 2. Corr. çvatti. — 3. Peut-être le mot *skt.*
deça?

VII

☙ Çvatti çitti kariya |||

kanan acar ya nå padā nī prait ṣali tapak[an] ṣvan bithar
nan dók ǰer pa tamö tvĕi datta dva rup laban ricitta çuja kra
raṣā tra pālla tvĕiyadhakruṃ mö[3] | pabrĕi yajamön kakuḥ
brĕi dak pan debata nan lakău brĕi çit dī karya | jöḥ nan
acar yauviḥ mö· ana (?) padak ṣanöḥ[2] | nöröḥ ǰer apta diṣaṣ
aghoyak tanan puja brĕi çuraṅ piñuk ǰer minuṃ tvĕiya bha-
krumö | bata bhap paçaṅ kaḷ ṣaṣ grū bak ditöḥ dap ralaṅ
klău urak puja tai karalaṅ nan pa tamö kraḥ ramö patamu
tok ralaṅ laṅ kanvöl ṅan piñu çurak nat dabin nat da | yöḥ
nan grac cav gal puruṣa aṅvĕi oṃ kar pröt tithanö aṅvĕi
omkar mumölaṅ möda añan ṣaṅ khak ṣapayatrivar trvic ǰer
dī ṣiroya tacu malanan aṅvĕi omkar çvak ralaṅ catur nat da
| dap dī pat tidhanö pitar nan nöröḥ ǰer dap ralaṅ bitar ta-
thahar klău urak buḥ bañu kraḥ puja tvĕiya yadhakrumö |
bata yahar ralaṅ kanvöl—jöḥ nan grac ṣattake nan pi caiẏ |
dva pattra çidaḥ lajak kaṣir brĕi yajamönö[k] baik ǰer acar
ya tok ralaṅ ganvöl |||

TRADUCTION DES PRIÈRES DES GRANDES FÊTES

I

Ici bonheur ! Succès !

Le dimanche, les divinités veulent des boulettes de pâte
blanche, brune et jaune et du bois [d'aigle?]. Faire avec les
pâtes des figures de bœuf, aller porter ces offrandes du côté

1. Corr. tvĕi yathakramö = yathākramam. — 2. Corr. padak-
ṣanöḥ = dakṣiṇa.

de l'est, se prosterner devant les divinités. En apporter trois
jours [de suite].

Le lundi, faire avec de la farine blanche et de l'eau trois
gâteaux. Aller porter ces offrandes avec recueillement; s'incliner du côté du sud-est.

Après dix-sept [gâteaux ou boulettes] cesser.

Le mardi, faire trois gâteaux de farine jaune et d'eau [re-
présentant] un lièvre. Aller porter ces offrandes avec recueillement [s'incliner] du côté du sud.

Le mercredi, faire une figure de bœuf en pâte de farine de
patate crue. Aller porter cette offrande [; s'incliner] du côté
du nord-ouest.

Le jeudi, faire une boulette de riz blanc?, de sésame
blanc et de curcuma. Aller porter cette offrande [; s'incliner]
du côté de l'ouest et du nord-ouest.

Le vendredi, faire six boulettes de pâte blanche et brune,
de riz blanc et de curcuma, y piquer une fleur blanche. Aller
porter ces offrandes [; s'incliner] du côté du sud-est.

[Le samedi,] les divinités veulent du riz blanc, une pâte
blanche et une foncée. Aller porter ces offrandes [; s'incli-
ner] du côté du nord-est, quatre jours de suite.

Bonheur! Succès à l'entreprise!

IV

Pour choisir [l'emplacement d']une maison.

Oṁ. Adoration à Çiva! Puisse-t-il s'absorber en ma personne.

« Lorsqu'il quitta sa demeure, le buffle des Garuḍa emporta
le Dragon. Il vola droit à la mer. Alors le Maître des Rhinocéros mit le Dragon à terre et le lia. De la langue du Dragon
et de son œil, il fit sortir une eau jaillissante. De ses narines il

fit naître le dam[1]. D'une de ses serres il fit la crête des montagnes. De l'autre serre il fit sortir une fontaine. De sa joue, il fit pousser des branches. De l'autre joue il fit naître les fourmis (?). De son cou il fit sortir une eau jaillissante. De son gros intestin il fit couler un fleuve. De ses reins il forma le sommet des montagnes. De sa sueur naquit la brume. De son intestin grêle sortit une branche et de cette branche l'arbre banuk[2].

J'ai pris un bâton de jrön[3] pourvu de ses racines, j'ai touché les entrailles de la princesse Nögaray, pour en tirer la branche de banuk... C'est cette déesse qui a formé le corps des hommes de ce pays-ci : des Banis et des Chams, des Siamois et des Chinois, des Churus et des Raglai. Que tous les hommes et toutes les femmes, les cheveux épars, frappent leur poitrine ! La princesse Nögarai peut leur donner la mort et les précipiter dans les enfers, car c'est elle qui brandit la Blanche, l'Épée de fer.

Je m'éloignerai de l'endroit de la terre qui porte sur l'écaille de la tortue. Je m'éloignerai de la retraite des termites. Je m'éloignerai du dos de l'éléphant. Je m'éloignerai du séjour des démons et des esprits. J'éviterai la terre qui va en pente, celle qui repose sur une couche de granit. Je m'éloignerai du lieu où les malheurs sont à redouter. »

V

« O seigneur serpent Cila, viens vite recevoir mon offrande. O seigneur serpent Pārāvata, viens aussi recevoir mon offrande. O seigneur serpent Panduranga, viens recevoir mon offrande.

1. *Triadica cocincinensis* (Euphorbiacées).
2. Banian (*Ficus religiosa*) ; « un arbre parasite » selon Landes.
3. *Calamus rotang*. C'est le bâton des prêtres *kaphirs*.

() seigneur serpent Tunīṃ qui es porté sur l'épaule, viens recevoir mon offrande. O seigneur Millepède, monte, viens recevoir mon offrande. Que celui qui habite le trou du termite, que celui qui a sa retraite dans le monticule viennent recevoir mon offrande. Que tous les serpents viennent manger à satiété mon offrande, même ceux qui commencent à ramper et les nouveau-nés. »

« O Nāgarāja brun, qui habites le milieu du royaume, viens recevoir mon offrande. O Nāgarāja blanc, qui habites les confins du royaume, viens recevoir mon offrande. O Nāgarāja tacheté qui habites dans le royaume, viens recevoir mon offrande. Venez [tous] manger à satiété, même ceux qui commencent à ramper et les nouveau-nés. Je demande à tous ces Dieux de m'apporter un remède. J'implore ces grands Dieux, je crains [en bâtissant ma maison] d'atteindre la peau du ventre du roi des nāgas. Je veux bâtir un foyer et je tremble d'atteindre le côté du roi des nāgas. Je veux faire une étable pour mes bœufs et j'ai peur de blesser les enfants et les petits-enfants du roi des nāgas. J'invite encore le Nāgarāja blanc à aller demeurer sur la plage. J'invite encore le Nāgarāja brun à aller demeurer au sommet de la montagne. J'invite aussi le Nāgarāja tacheté à aller demeurer au milieu de la montagne. Seigneurs Dieux, ne couvrez pas la terre de décombres; seigneurs, seigneurs restez dans les régions inférieures, [vous qui avez noms] Chien et Chat, Bœuf et Buffle. Seigneurs Dieux, n'amoncelez pas les nuages sur la tête des enfants des hommes[1] ! »

---

1. Cf. l'Incantation à la déesse Nögarai, p. 99. — Tout ce morceau est très obscur.

VI

Incantation au Nāga.

Om. Adoration à Çiva. Puisse-t-il s'absorber en ma personne !

« Je suis le dieu Pô ku Banök, je connais la race du Nāga (serpent python). Le Nāga né dans le royaume de Ceylan. Le Nāga né du grand Samudra[1], le nouveau dragon dont la gorge est gonflée de venin. Le Nāga et le Serpent rouge (?), le maître de tous les nāgas qui rampent. Gloire ! Om ! Gloire ! Bonheur ! Gloire ! Om !

(*[Son de] Conque. Prendre une poignée de riz décortiqué.*)

Je vais dans le pays, je vais dans le royaume de Ceylan. Om !

(*Brûler, brûler, brûler [du bois d'aigle ?]. Jeter, jeter, jeter [des grains de riz dans le brasier ?].*)

Om !

(*Se prosterner jusqu'à la fin [de la combustion du bois d'aigle ?].*)

Om !

(*Verser [la libation ?]. Se hâter. Puis se relever.*)

Om. A l'Énergie, gloire ! Om. Victoire, grande victoire ! Gloire ! Om. Bonheur, grand bonheur ! Gloire ! Om. Succès, grand succès ! Om. Richesse, grande richesse ! Donne de la vertu aux libations d'alcool, ô Çakti ! Pénètre dans [ce temple], Çakti, j'offre un sacrifice ! Donne le succès à Rāma et à la Lune ! Donne le succès à Rāma et à l'Océan ! Donne le succès à Rāma et au Sacrifice ! Donne le succès à Rāma et au Soleil ! Donne le succès à Rāma et aux Astres ! Donne à moi-même le succès ! Donne le succès à tous les êtres ! Om à l'Énergie ! Gloire ! »

1. L'Océan.

VII

Fortune ! Succès à l'œuvre !

Le prêtre de famille (acar) doit offrir un sacrifice aux mânes
de ceux qui n'en ont pas reçu (prait[1]) afin de leur donner ce
dont leur âme a besoin. A cet effet, muni d'un pot d'eau et de
deux figures de tortues [en pâte], il se tourne successivement
[vers les quatre points cardinaux].

Au moment d'accomplir le rite, le maître de maison se
prosterne dans la direction du sud et invite les huit divinités.
Il prie ensuite pour le succès de l'œuvre. Puis l'acar et lui se
tournent [encore] vers le sud, se lavent la bouche avec de
l'eau pure, se baignent et présentent les offrandes, plantent
des cierges [sur les plateaux d'offrande], boivent un peu d'eau,
le tout comme il est prescrit.

Le maître de maison doit offrir à l'acar une pièce d'étoffe,
une bouteille pleine [d'alcool]; il prend ensuite trois brins de
chaume (ralan = kuça), un peu de sésame et d'euphorbe,
tresse une corde serrée, dispose les cierges et un vase d'eau.

Puis il fait le mouvement de battre des ailes avec ses mains,
décrit un cercle avec les mains, fait claquer ses doigts, trace
un oṃkāra (figure magique), revêt une robe neuve, verse
une libation d'eau. Il prend quelques brins de chaume, frappe
sa poitrine, appelle les mânes, se rince la bouche, met trois
brins de chaume dans un vase de bronze où il pique une fleur.
Il a achevé...

DANAP PATRIP

☙ Nī danap patrip | ɖuṅ akók blóḥ lai gan mök gan luk dī

―――――

1. Sanscrit *Preta*. Ame des enfants morts prématurément, de
ceux qui sont estropiés ou infirmes, ou des personnes qui n'ont
pas reçu d'offrandes funèbres.

tăňin mök braḥ kamaň dī buḥ dī padhuk paḥ pan cap aňvöc
eṣan dī talaň kā uraň pöḥ mönĕi blóḥ pāmörai caik dī ňók
thóň blóh pāaňvĕi khan av blóḥ pōk ahar liçĕi mörai dak blóḥ
drĕi mök djen çóň kröḥ pahvöl blóḥ paḍaň kröḥ dī thoň blóḥ
pagaṃ djen dī ahar laçĕi blóḥ bōk padhuk caik dī ulā pābaruv
taňin paňvöc eṣan dī talaň klău ḅaň löḥ gan ulā mök canuv
tut dī gan yok ňan dī klóň klău ḅaň dī ṣalav klău ḅaň
dī kröḥ klău ḅaň löḥ gan ulā palieň ija klău ḅaň trait dī
kacvöc klău ḅaň çraḥ gan dī halā paljeň halā klău ḅaň löḥ
gan ulā paljeň pajuv çā ḅaň mök halā çā kapū yok löḥ dī
padhuk blóḥ paljeň pajuv dva ḅaň trā paljeň ija klău ḅaň
paljeň alak klău baň paljeň ija klău baň [paljeň ija klău ḅaň]
traik dī kacvöc |

çraḥ gan dī alak löḥ dī caṃ dva cavan ňruk gan çraḥ dī ijā
paljeň ijā klău ḅaň trait dī kacvöc |

paljeň alak dā purbāpāy klău baň löḥ gan ulā paljeň ijā
klău ḅaň trait dī kacvöc |

mök gahlău cuḥ mök luk dī taňin paḥ pan cap paňvöc eṣan
ṣarak paljeň ijā ňruk gan thaṃ dī ṣarā yak löḥ dī padhuk |

ňruk gan paljeň laçĕi hap klău ḅaň löḥ gan ulā paljeň
pajuv çā ḅaň blóḥ jrav taňin mök laçĕi çā urak yok löḥ dī
padhuk blóḥ paljeň pajuv dva ḅaň trā |

paljeň ijā klău ḅaň paljeň alak klău ḅaň paljeň ijā klău ḅaň
thraḥ gab paljeň laçĕi klău ḅaň löḥ gan ulā paljeň pajuv klău
ḅaň |

     paljeň ijā klău ḅaň paljeň alak klău ḅaň |
     paljeň ijāu klău ḅaň trait dī kacvöc |
     paljeň alak klău ḅaň |
     paljeň ijā klău ḅaň trait dī kacvöc |
     paljeň laçĕi klău ḅaň |
     paljeň ijā klău ḅaň trait dī kacvoc |
     paljeň alak klău ḅaň |
     paljeň ijā klău ḅaň trait dī kacvöc |

paljeṅ laçĕi bā pur bā pāy klău ḅaṅ |

paljeṅ ijā klău ḅaṅ trait di kacvöc |

paljeṅ alak klău ḅaṅ paljeṅ ijā klău ḅaṅ |

thraḥ gan dī halā mök halā kapū yok löḥ dī padhuk |

barūv taṅin bataik braḥ kamaṅ patrĕi blóḥ moñuṃ alak
ravök.

Danap patrip.

(Cérémonie de la Purification des Os nobles après l'Incinération.)

Le prêtre devra s'envelopper la tête, mouiller d'eau un
bouquet pour se purifier la main gauche; avoir du riz grillé,
mettre de la braise sur un réchaud, joindre les mains, frapper
dans sa main gauche, frapper dans sa main droite et faire
claquer ses doigts. Asperger, en se tournant vers le nord-est,
les os de l'homme [incinéré].

Baigner ces os, les déposer sur un plateau.

Changer de tunique et de robe, découvrir [à l'écart] un
plateau chargé de gâteaux de riz et l'apporter.

Puis, tenant un cierge, exposer un miroir au feu [du ré-
chaud], placer obliquement ce miroir sur le plateau, planter
un cierge sur les gâteaux de riz.

Déposer le réchaud à terre, agiter les doigts; asperger
trois fois les os du côté du nord-est; poser le bouquet [à côté
de soi]. Tremper l'annulaire [droit] dans l'eau, et purifier
l'urne, trois fois; le plateau, trois fois; le miroir[1], trois
fois.

Déposer le bouquet.

1. Le miroir est plongé ensuite dans l'eau pour que les divinités puissent venir s'y baigner.

Offrir [des libations d']eau[1] [au mort], trois fois; verser l'eau dans un vase, trois fois; asperger des feuilles de bétel, faire trois offrandes de bétel; déposer le bouquet.

S'incliner devant la prêtresse (pajâ), une fois; prendre un morceau de bétel, s'incliner, mettre le réchaud à terre.

S'incliner deux fois devant la prêtresse, offrir ensuite trois libations d'eau et trois d'alcool; faire trois fois [des libations d']eau, verser ces libations dans le vase.

Asperger, avec le bouquet [mouillé d'eau purifiée, un peu] d'alcool, en verser dans deux petites tasses; mouiller le bouquet, asperger de l'eau, offrir trois libations d'eau, les verser dans le vase.

Offrir de l'alcool [en faisant tourner la tasse autour de soi] de l'est à l'ouest, trois fois; verser dans le vase.

Avoir du bois d'aigle, le faire brûler, passer les mains [dans la fumée], les joindre, frapper dans sa main gauche, frapper dans sa main droite, faire claquer ses doigts, asperger le nord-est, dessiner [une figure magique], offrir de l'eau, mouiller le bouquet, arroser légèrement le sel, s'incliner, déposer le réchaud à terre.

Mouiller le bouquet; offrir du riz [contenu] dans une boîte métallique, trois fois; laisser le bouquet, s'incliner, une fois, devant la prêtresse.

Puis joindre les mains, prendre un grain de riz, s'incliner, déposer le réchaud à terre, s'incliner encore deux fois devant la prêtresse.

Offrir l'eau, trois fois; offrir l'alcool, trois fois; offrir l'eau, trois fois; faire des aspersions avec le bouquet; offrir trois

---

1. Les libations se font en tenant une coupe d'eau ou d'alcool dans la main gauche et un cierge allumé dans la main droite. On frappe le bord de la coupe avec le cierge et on lui fait décrire dans l'espace des cercles de gauche à droite et de droite à gauche. Les libations sont ensuite versées dans un vase de cuivre nommé katvŏc « crachoir ».

fois du riz, déposer le bouquet, s'incliner devant la prêtresse, trois fois.

, Offrir de l'eau, trois fois; offrir de l'alcool, trois fois.

Offrir de l'eau, trois fois; verser dans le vase.

Offrir de l'alcool, trois fois.

Offrir de l'eau, trois fois; verser dans le vase.

Offrir du riz, trois fois.

Offrir de l'eau, trois fois; verser dans le vase.

Offrir dē l'alcool, trois fois.

Offrir de l'eau, trois fois; verser dans le vase.

Offrir du riz [en faisant tourner la boîte métallique où il est contenu, autour de soi] de l'est à l'ouest, trois fois.

Offrir de l'alcool, trois fois; offrir de l'eau, trois fois.

Asperger du bétel avec le bouquet, prendre un morceau de bétel, s'incliner, mettre le réchaud par terre.

Entrelacer les doigts, décortiquer du riz grillé, en manger, boire ensuite de l'alcool, faire claquer les doigts, joindre les mains sur la tête[1].

RITUEL FUNÉRAIRE DE PHAN-RI

Texte

☙ Ni jara braḥ kaḥ uraṅ möda ṣvan ḥloṃ |

a ā i ī o ō ṛö ṛö ḷö ḷö e ai o å aṃ aḥ imaba ṣibāya phāba ṣimönö[2] | aṅvĕi tapā aban | i i i kaḥ möthi ramö hol ||

☙ Ni danap paralå möda ṣvan |

näu ricóv bloḥ mörai ḍuṅ akók lai gan paḥ paṇöcap carak

1. Cette cérémonie chasse les mauvais esprits. Cf. Pratápachandra Ghosha, *Durgâ-Pûjâ*, Bhūta Çuddhi, p. 28 : « Clasp [the hands] thrice over the head, and by snapping the fingers at ten different directions, secure immunity from them [the evil spirits]. »

2. Autre ms. : Oṃ nömöḥ ṣibāya ṣuphāba ṣibömö = Oṃ naamḥ çivāya svabhāva çivome.

Première partie du Rituel funéraire de Phan-Rí.

panvöc eṣan di braḥ çoṅ bloḥ mök djen thoṅ çoṅ gan
panvöc eṣan di braḥ nan jap akhar nī |

a ā i ī u ū ṛö ṛö̐ ḷö ḷö̐ e ai o å aṃ aḥ
    ka kha ga gha ṅö
    ca cha ja jha ñö
    ta tha da dha nö
    pa pha ba bha mö
    ya ra la va
    ṣa ça
    ha

bloḥ [t]iḥ çaṅ paga yuḥ radaṃ | purak akhar dva ḍaṅ yuḥ
paradaṃ purak oṃkar lvai bi çjaṃ paik pula ḥöṅ caik ṅok
braḥ nan mök padai daā löp mötigĕi pudĕi ṅan dilaḥ caik
ṅok pulā haṅ nan bloḥ pabarāv [taṅ]in paḥ panöcap ṣarok
möḥ coṅ purak parai çraḥ gan pahvöl bloḥ gjem gan panvöc
eṣan di braḥ çoṅ nan jap abiḥ anö akhar doṃ dihlau rĕi |
mök thoṅ jhoṅ braḥ batagók caik di palak taṅin mök karaḥ
gruak di braḥ töh gaṃ thoṅ çoṅ gan pa papak klău baṅ di
apuĕi anvök drĕi jhoṅ braḥ nan batrun caik halā haṅ patiñoḥ
ralin jöṅ || töl khiṅ paralå nan nå töl mök gai amoṅ kaḥ gak
padaṅ gai pak kalău bloḥ paḥ panöcap ṣarak mök djeṅ
hataṃ purak parai çraḥ gan pahvöl panvö brĕi ka uraṅ apan
bloḥ pāṅvöc eṣan pvöc e haciḥ gan bloḥ paḥ pan nöcap ṣarak
mök thoṅ djen purak parai çraḥ gan pahvöl trvic apuĕi halău
abha klău ḥan dī apuĕi nan taṅin ev apan thoṅ taṅin hanuk
havak ijā dī patā harak jjöṅ o kar kaḥ jalan klău tathan löḥ
buk mök thoṅ djen gan ṅan braḥ töḥ nan çurak dī ijā jöṅ
oṃkar ba avak ijā tå hanuk naṃ baṅ tå iuv klău ḥaṅ bloḥ
laik ijā dī pabaḥ klău ḥaṅ ṣaṅ mök braḥ töh nan pagaṃ dī
buk krök amö kók ||

bloh laik ijā dī pabaḥ klău baṅ ṣan mök braḥ töḥ nan pa-
gaṃ dī buk kröḥ amö kók | bloḥ paḥ pan nöcap ṣarak mök
braḥ hataṃ parai çraḥ gan papvöl mök dhoṅ jhoṅ ñuk dī ijā

taik di thĕi di pabaḥ dva gaḥ di buçak lóḥ mök dhoṅ çon gaṅ
laik ijā di tanöḥ riyā di akan laik dihalău di pabaḥ klău baṅ
di mötā [i]duṅ di taṅi[n] di barā tathău pathak bloḥ laik çala-
pan tapljen abiḥ bloḥ çurak pajöṅ ikar bipatak jhoṅ ijā di
palak taṅin çurak ikar laik yàk pācrók ||

jhoṅ ijā ça baṅ trā çurak ikar çapuk möta pilār blóḥ momök
braḥ töḥ dikröḥ akók nan paprok mödók çā tathan çoṅ gan-
vuḥ yaṅ aditjak ṅan yaṅ cannrök | yaḥ talĕi tapaḥ nan acar
brĕi nå dók çā tathan çoṅ yaṅ aditjak | kumei tók karöḥ nan
brĕi nå dók çā tathan çon yaṅ cannrök yaḥ uraṅ oḥ möda
haciḥ mök ghā nan brĕi nå dók töp takai yaṅ adītjak | ṅan
yaṅ cannrök ||

lĕi uraṅ gap di nan brĕi nå dó çā tathan çoṅ batuk yaṅ
proṅ lĕi uraṅ rāduḥ brĕi nå dók töp laṅik haṭam tanam patiḥ
min ||

nī çī möthău lĕi ka acar çī krön kā braḥ çā urak pa-
ralā hajjöṅ pagam dī kröḥ akók kayvā möṅ kal kiṅ laik
kamar nan ijā çaun hajöṅ töl vök nå gan braḥ çā urak jöṅ
bāgu dók kayva yău nan ijā çrai braḥ nan uṭam möjarait ja ||

lĕi braḥ 4 trā nan dīkal mörai çoṅ kamar nan çók dva ijā
çrai daraḥ capaṅ min | acar ṣut thik pajön vök mörai rĕi |
lĕi braḥ çā urak dalam bóḥ pīnöṅ nan kumar möḥ nan ralóv
kaṅ laṅău nan höp | ni pāḷaik talaṅ || dī ö öṣ çā danók ṣiç
baliṅ növan butā giṅ ya jjöṅ debatā | öṣ çā danók çoṅ dabatā
ya jjöṅ pō ku möḥ kakuḥ daā mörai patrip | nī tajra i i i
ṣibumöḥtuk | çāda ṣibāḥya nömöḥ çvāhā [1] |||

☙ Nī pupuḥ möta pilār ikatam kathambjam çvāhāḥ |||

☙ Nī danók mök butău panal | ba patóm bloḥ jröp dī jaṅ-
röp klău dhan | bloḥ paḥ pan nöcap ṣarak paṅvöc eṣan dī
batău nan | bloḥ pāricóv batău | tuḥ alak bloḥ caik dī ṅok

1. *En sanscrit* : Çivome tu sadā çivāya namaḥ svāhā.

panai nan | bloḥ iv möñuṃ alak ḅan halāpa abiḥ drĕi jŏ ǁ
bloḥ vak jiñröp palanöṅ | bloḥ dḥör dva ḅaṅ pā mönĕi akók
dī töḥ takai dī töḥ dhar nå truḥ möoṅ galay av khan dī
baṭău nan ǁ

   yaḥ kumĕi ǁ

   ikar tat nöṃ raṣaṣaba ǁ

   yaḥ likĕi ǁ

ruṅ ruṅ kar tat raṣaṣaya | daā pō nå pajjöṅ anök tacóv
tacaik di lok | kunī jvai tanök | löh truḥ

Ni cak kurābā phaṭ nan çurak nī |

4 3 4 3 ☐ ☐ RA RA 4 3 4 ☐ ☐UR☐AṄ ☐ ☐ O

  3 3

3 3 3 4 3 ☐SASATA☐ 3 4 3 4

  1 1 4

Nī kathā talöḥ çar möṅ bikal ṅan lapĕi jhak ṅan çar mö
ṅap bruk bikal hagait jjöṅ klaḥ rĕi | nan nå dvaḥ naḥ yalan ‘
ciḥ lan kaḍah | bloḥ iev² pū kuk rāhuk iel dók alā tanöḥ riyā
| höc pō kabinnak dók dī ṅók kaneṣak | ṣaṅ pō klṅ daā
mörai tok panojā baçar möṅ bikal di drĕi kău ba nå bitöl
laṅik hataṃ ganaṃ patiḥ krvöc ēk nömiḥ baṭău yaḍoṅ di oṅ
ahöḥ kău talöḥ panå dī oṅ ahak kău talöḥ panå ǁ bloḥ löh ḅuk
mök kröḥ ’kók çā urak papör bloḥ cak ḅuk | löh khan alā
jjöṅ ṅok mörai çaṅ jvai lañaiy vök traḥ |

🕄 nī katha yaḥ ṅap paçar möṅ bruk bikal nan ricóv katha
danī klaḥ yŏ | dī oṅ kău mök bā çĕi kău ucĕi dī dvā (?) kău
paklaḥ dī yaṅ inr kău lakău krös çumul drak thĕi ricóv craṅ
padaṅ iniai çī bikal kău brĕi drut dī mönöṣ bacaḥ halău gan
anak kău labuḥ grvak tamöḥ baṭa palai dī oṅ khak garak nī
ya nömöḥ çvāhā yaḥ ricóv nan mök mū tanóv çumū binai
dva klaiḥ ǁǀ

1. Corr. jalan. — 2. aiv.

℗ Nī katha talöh | dī oṅ can[2] dĕi kău paklaḥ dī talĕi tañaṃ
haraik kău kjiṅ paçaik drĕi kău | dī oṅ çjaṃ ṣa kulap ṅan
kajaraḥ ku dī çar bapāp daginöy ṣanaṃ dī oṅ ṣibomö tuk
çadi ṣibaḥ ya nömöḥ çvāçvā[1]

℗ Ni kathā talöḥ bikal proṅ ṅan lapĕi ḅoḥ jhak kathā nī
klaḥ jjöṅ |

nī ciḥ tulā klău kupū jjak panöṅ çoṅ mök kruṅ drĕi ṅap
bruk töp nan ḍuṅ dī ñrak burav klău anuṅ | ça nan baçaḥ
katvöc mömit lac höc mömit jjöṅ panroṅ dī tanöḥ riyā ṅan
çar bikal dī drĕi kău möda ból lokău payvā bikal dī drĕi kău
nī mömit khik bikajap kakău haiy laik dī kău bjaḥ min | bloḥ
mök ça anū trā bapak ijā kroṅ löḥ ḅuk ricóv bloḥ mök anuṅ
talöḥ pvöc taṇī | dī oṅ amö kău talöḥ dī drĕi kău dī oṅ aḥ
klaḥ dī drĕi kău | di oṅ huṃ bat jālihuṃ ya nömöḥ çvāhāḥ |
höc patå gök ijā hadaṃ çar bikal dĕi drĕi ya kău laik dī putå
pō labja laā çumut | höc kadu hayå ratoṅ ḍav ratoṅ patiḥ
abiḥ dalaṃ ijā mörai tok panōjā bikal dī drĕi kău panå bital
yău katraṅ jaṅ laṃ mö nö babitöl bja talvic gók dī palvic nögar
babitöl patå aha kupak möda bikal dī ḍĕi kău trā | bloḥ tagók

nå dvaḥ canaḥ jalan mök takai iev ciḥ yău nī

blóḥ mök çā anuṅ trā çóṅ halā kupū caik dalaṃ lan kaḍaḥ
bloḥ pō taṅin kukuḥ akan dīhlău kukuḥ tanöḥ riyā bloḥ pŭoc
nī | höc pō kuk raçuk iel pō dók dī nök kaneṣa | he po kabi-
nak po rabinnuk pŭ möhŏyaçaḥ dók tanöḥ riyā ganvör ja bikal
kău daā mörai ratók paṅojā çar möṅ bikal banå bitöl yaṅ
äditjak ṅan yaṅ cannrök apak möda bikal bidrĕi kău trā | dī
oṅ ciḥcjaḥ kău paklaḥ dī drĕi kău | di oṅ okröḥ kău talöh dī
drĕi kău | di oṅ ahaṃ bat jarihuṃ ya nömöḥ çvāhāḥ | bloḥ
löh ḅuk bvĕi kröḥ akók ça urak drĕi lac kău | brĕi hŏ nå
möljöṅ kanöy debatā ulā drĕi kău | bloḥ pvoc danap nī | di

1. Autre ms. : çadā ṣibāyaḥ nömöḥ çvāhā.

oṅ paḥbirtöh möḥ yā nömöḥ | dī oṅ paḥbir ṅrom çomaya
nömöḥ çvāhāh | dī oṅ paḥbir ṅrom nā yā̊ nömöḥ çvāhāh |
bloḥ löḥ khan blök ulā jjöṅ ṅök laṅiv jjöṅ dalam mörai çaṅ
jvai liñaiy vök trā || kathā nī proṅ haröḥ | yaḥ ṅap kathā nī
bloḥ nan daā anör baṅ kamaṅçā jam patĕi çā tatī dī ṅök thoṅ
|| yaḥ kröṅ ṅap dom ṅan pō anit min |||

Rituel funéraire de Phan-Rí.

Traduction.

Le grain de riz reforme un corps subtil à l'homme [mort].
[Il faut d'abord répéter ceci :]

   a, ā, i, ī, u, ū, ṛö, ṛ̆ö, ḷö, ḷ̆ö, e, ai, o, å, am, aḥ.

Om. Hommage à Çiva! [Hommage] conforme à leur nature
à Çiva et à Umā!

(Retourner son vêtement [et dire] :) i, i, i, i, après avoir divisé le riz.

☙ Ce livre enseigne à former un corps subtil [au mort].

Se baigner, puis s'envelopper la tête avec un turban. Avoir
un bouquet d'aspersion[1], faire claquer ses doigts, frapper
dans ses mains, réciter un mantra, tourner le [plateau de] riz
vers le nord-est. Tenir un cierge, un glaive et le bouquet
[dans une main], écrire les lettres suivantes avec du riz, sur
un plateau :

   a, ā, i, ī, u, ū, ṛö, ṛ̆ö, ḷö, ḷ̆ö, e, ai, o, å, am, aḥ.
   ka,   kha,   ga,   gha,   ṅö;
   ca,   cha,   ja,   jha,   ñö;
   ta,   tha,   da,   dha,   nö;
   pa,   pha,   ba,   bha,   mö;

---

1. Il est fait avec des sommités de *Conyza indica* (Composées).

ya,　ra,　　la,　　va;

ça,　ça;

ha.

Passer ensuite la main sur le plateau pour effacer les lettres, dessiner encore un oṃkāra (figure magique), mettre dessus une feuille de bétel sauvage. — Prendre garde de n'employer que du riz bien choisi et soigneusement décortiqué[1]. — Poser quelques grains de riz sur la feuille de bétel sauvage.

Le baṣaiḥ, après s'être lavé les mains, les frappe l'une contre l'autre; il prend quelques grains de riz sur le tas [dis- posé à cet effet] et forme une amulette; il passe le bouquet d'aspersion dans la fumée de bois d'aigle avant d'asperger, avec de l'eau, un plateau de riz placé au nord-est. Le plateau est alors apporté sur une table, il y dépose un anneau [d'or]. Tenant dans une seule main le glaive et le bouquet, il les fait tourner trois fois autour du brasier où brûle le bois d'aigle; du bout du glaive il met du riz sur la feuille de bétel. Il incline son cierge allumé sur la feuille de bétel pour y fixer les grains de riz au moyen d'une goutte de cire.

Pour envoyer l'âme [dans le corps subtil], il place son bâton [rituel] devant la face du mort, trace du bout d'un cierge des dessins mystiques et les asperge avec le bouquet trempé d'eau qu'il passe ensuite à un assistant. Au moyen du cierge allumé, il fait des passes sur le bouquet et sur le glaive qu'il tient en- semble dans la main [gauche]. Il applique un autre cierge [allumé] sur le front du mort.

De la main gauche il saisit le glaive, de la main droite, les doigts réunis en pointe[2], il trace, trois fois de suite, une fi-

1. On conserve dans toutes les maisons quelques beaux épis de riz en cas de décès d'un membre de la famille.
2. Pour figurer une oreille de vache et purifier l'eau.

gure magique dans l'eau. Il défait le chignon du mort; tenant
le bouquet, le cierge et le glaive dans la main droite, il dirige
le glaive trois fois vers le plateau de riz, et dessine une figure
magique dans l'eau, en tournant sa main [droite] dans cette
eau, six fois de droite à gauche et trois fois de gauche à droite,
il en verse dans la bouche du mort. A l'aide du glaive il lui
jette quelques gouttes d'eau sur le front, sur les épaules, sur
le nombril, puis il réunit le glaive et le bouquet.

Il mouille d'eau le bouquet et purifie successivement le
ciel, la terre; la tête, la bouche, les oreilles, le nez, les ma-
melles et le nombril du mort. Du bout du glaive il trace avec
de l'eau un oṃkāra sur les mains et les sourcils du défunt et
laisse tomber quelques grains de riz sur la tête. Avec une
étoffe blanche neuve il lui couvre enfin la face et lui offre du
riz grillé.

(Le rite achevé, le prêtre se rend à un carrefour, il retourne
ses vêtements et revient pour introduire de l'eau et du riz
sous la langue du défunt.)

☻ Ce livre enseigne aux prêtres à montrer leur voie aux âmes
des morts au moyen du riz grillé. Les rites doivent être
accomplis avec soin afin de diriger les âmes des hommes de
bien vers le soleil, celles des femmes vertueuses vers la lune ;
celles des hommes prudents dans les rayons du soleil, celles
des hommes moins vertueux dans les étoiles brillantes (les
planètes) et celles des serviteurs dans les nuages gris-blancs.

☻ Ce livre enseigne aux prêtres qu'un grain de riz devient la
chair et les nerfs de l'homme. On place un cierge allumé [et
dont la cire se liquéfie], sur le front du mort pour rappeler
que l'écoulement des eaux précède la naissance. L'enfant
naît comme le grain de riz car le grain dans son enveloppe
et l'embryon dans ses membranes se ressemblent. Il est encore comparable à la noix d'arec revêtue de son mésocarpe.
Les grains de riz sont l'image de l'embryon qui flotte dans

les deux eaux mêlées à du sang. Quand on ouvre un grain de riz ou une noix d'arec [la substance de ces fruits est visible], ainsi le [nouveau] corps est formé. Il sort de l'obscurité pour apparaître à la voix du célébrant. L'or est la chair, la semence de sésame se change en sécrétion, les nerfs se durcissent et deviennent des os[1].

(Répéter l'incantation suivante :) « J'invoque les divinités, Pô Ku Möh (le seigneur dieu grand, Mahādeva), les Bhūtas; je m'incline devant eux. J'invite les Pitris à s'assembler ici. I, i, i, Çiva et Umā! Hommage à Çiva toujours! Gloire! »

(En couvrant les yeux du Père (= du mort), dire :)

« Ikhatam kathaṃbjaṃ çvāhā! »

☺ Incantation à répéter quand on a trouvé des pierres[2] :

(D'abord le baṣaiḥ doit planter trois rameaux autour de la pierre, puis faire claquer ses doigts, frapper dans ses mains, se placer à l'est et tracer en l'air des signes magiques. Il lave ensuite la pierre avec de l'eau, offre de l'alcool aux malins esprits et les invite à venir le boire et à manger le bétel avec lui. Il se baigne la tête et les pieds pour chasser les maléfices et revêt ensuite, près de la pierre, une tunique et un pagne propres.)

Il dit pour les femmes : « Ikar tat nöṃ raṣaṣaba (?). »

Pour les hommes : « Rung! rung! kar tat raṣaṣaya (?). »

Il invite enfin les divinités à leur donner des fils, des petits-fils, des petites-filles en cette vie.

Le rite du riz est achevé.

---

1. En un mot cette cérémonie procure au mort un corps nouveau. C'est tout à fait la dīkṣā hindoue, ensemble de pratiques qui changent en dieu la créature humaine. Cf. S. Lévi. La Doctrine du Sacrifice dans les Brāhmaṇas. Le Mécanisme du Sacrifice, p. 103 sqq.

2. Pour faire des *kut* ou pierres tombales, et pour marquer l'endroit où l'on inhume un *kloñ* (v. p. 48).

⍟ Ceux qui sont en deuil de plusieurs personnes à la fois, doivent porter les amulettes suivantes :

4 3 4 3 ☐ ☐ RARA ☐ HO|MME ☐ ☐ ○
                                              3 3

3 3 3 4 3 | SA SA TA | 3 4 3 4
              1 1 4

⍟ Le charme suivant dissipe les malheurs qu'on voit en rêve :

Aller à la rencontre de deux chemins, dessiner une figure magique en forme de 卐 (= un svastika); appeler le seigneur Rāhu qui habite les régions infernales. Invoquer Gaṇeça, le « Seigneur d'en haut ». Inviter Pô Kloṅ (= Çiva) à son de conque, à venir recevoir un sacrifice. Réciter cette incantation : « Éloignez les esprits malins qui sont sous le ciel, pareils à des nuages gris-blancs, prêts à fondre sur moi. Je laverai votre visage avec de l'eau de citron, seigneur Ahŏḥ. Chassez les maléfices, seigneur Ahik. Faites qu'ils s'évanouissent! » S'arracher un cheveu du milieu de la tête et souffler dessus. Retourner son habit et partir sans regarder derrière soi.

⍟ Ce mantra ferme la porte aux malheurs; il lave aussi toutes les souillures :

« O seigneur, maître des divinités, puissent les malins esprits être dispersés! Je te demande que tu me purifies, que tu chasses les malheurs, que tu fasses du bien aux hommes qui se prosternent devant toi. Éloigne les calamités qui pourraient s'abattre sur notre pays. Hommage au roi des Serpents! Gloire! Puissent ces paroles purificatoires donner la fécondité à nos femmes! »

⍟ Incantation contre les maléfices :

« O roi des Serpents, je détors mon cordon sacré. Entourant mon bras comme une liane, il pend sur mes reins. Çiva et Umā! Hommage à Çiva toujours! »

Ces paroles magiques dissipent les grands malheurs. Ces paroles magiques chassent les mauvais rêves.

(Il faut dessiner une figure magique (ou une balance), se munir de trois chiques de bétel, faire le geste de piler, trois fois de suite, avoir trois anuñ (gâteaux). Tousser ensuite pour se faire entendre et dire :) « Je vous invoque, écoutez, habitants des régions infernales, dispensateurs des malheurs, dont la troupe est prête à fondre sur moi. Oui, je sens que vous attendez l'occasion favorable pour me frapper. »

(Ici on prend un pan de son habit et on le trempe dans l'eau d'une rivière; on défait ses cheveux, on se baigne. Tenant toujours le pan de son vêtement, on répète [à genoux] cette incantation :)

« O seigneur Père (Çiva), sauve-moi! O seigneur Aḥi, épargne-moi! O seigneur Hum, vajali, hum! Hommage! Gloire! J'invoque le roi de l'eau, qu'il chasse les malheurs prêts à m'atteindre! Que les malheurs s'éloignent de moi! Daigne le Roi m'en préserver! J'invoque l'écorce du bois(?), le goujon dav et le goujon blanc qui sont dans l'eau : qu'ils viennent tous recevoir mon sacrifice. Que les malheurs soient anéantis par la puissante Reine de la Montagne (Pārvatī)! Que ce royaume en soit délivré! que les grands malheurs quittent cette contrée! »

(Se lever, se rendre au point de croisement de deux chemins, tracer ce signe avec son pied gauche ⟨signe⟩¹. Prendre un gâteau et une chique de bétel, les mettre dans un morceau de toile dite lam laù, faire l'antique geste d'adoration (l'añjali?), s'incliner vers les régions infernales et dire ces paroles :)

1. Symbole du liṅga et de la yoni?

« J'invoque le Pô Kirāta, le Montagnard (Çiva), Gaṇeça, le Pô Kabinnak (?), le Pô Rāvaṇa, le Pô Mahāyaças (l'Illustre), qui habite les régions infernales, le Maître des châtiments (Yama?). Qu'ils viennent tous accepter mon sacrifice et les malheurs s'évanouiront ! Je rends hommage au Soleil et à la Lune, qu'ils dispersent les malheurs ! O seigneur Yakṣa[1], mets les malheurs en fuite ! O seigneur Ugrā disperse les malheurs ! Hommage au seigneur Ahaṃ (?) ! Gloire ! »

(Dénouer ses cheveux, en arracher un au sommet de la tête et dire :)

« J'offre [un sacrifice], j'invoque les génies, les divinités, et les serpents, qu'ils viennent afin que je les adore. »

(Répéter ensuite cette formule :)

« Hommage au seigneur Paḥ-bir-töḥ[2]. O seigneur Paḥ-bir, je fais couler le suc (?), hommage à toi ! Gloire ! O seigneur Paḥ-bir, viens, hommage à toi ! Gloire ! »

(Oter enfin son vêtement, le retourner de telle manière que le dessus soit dessous et que l'envers soit l'endroit. Ceci fait, inviter les divinités à venir consommer du riz grillé et des bananes rangées sur un plateau.)

Ceux qui accomplissent ces rites avec soin sont aimés des divinités.

Autre rituel funéraire de Phan-Ri[3].

Ce livre enseigne à purifier l'âme de l'homme.

a, ā, i, ī, u, ū, ṛö, ṛŏ, ḷö, ḷŏ, e, ai, o, å, aṃ, àḥ.

Livre de la purification de l'âme d'un homme mort.

Le prêtre doit prendre un bain, se couvrir la tête d'un tur-

1. Ogre céleste, esclave de Kuvera, le Plutus hindou.
2. Pavitra ? un nom de Çiva.
3. Le texte cham de ce Rituel diffère si peu de celui du précédent que j'ai cru inutile de le publier.

ban, tenir son bâton à la main, frapper dans ses mains, avoir
un bouquet de *Conyza indica*, se tourner vers le nord-est pour
tracer une figure magique et écrire ces caractères sur du
riz :

a, ā, i, ī, u, ū, ṛö, ṛö̆, ḷö, ḷö̆, e, ai, o, å, aṃ, aḥ

    ka,   kha,   ga,   gha,   ṅö
    ca,   cha,   ja,   jha,   ñö
    ta,   tha,   da,   ḍha,   nö
    pa,   pha,   ba,   ḅha,   mö
    ya,   ra,   la,   va,
    sa,   ça
    ha.

Il passe la main sur le plateau pour faire disparaître les
caractères tracés. Puis il y dessine un oṃkāra sur lequel il
placera une feuille de bétel sauvage. Le riz doit être bien décortiqué et soigneusement préparé. Il place quelques grains
de riz sur la feuille de bétel sauvage, puis il lave proprement
ses mains, les frappe l'une contre l'autre. Il dessine une
figure magique avec quelques grains de riz pris sur le tas
[qu'il a près de lui]. Il passe le bouquet de *Conyza indica* dans
la fumée du bois d'aigle, le trempe dans l'eau et asperge le
riz au nord-est. Le riz est placé sur une table et le prêtre y
pose un anneau d'or. Tenant dans la main gauche un glaive
et le bouquet, il les fait tourner autour de l'encensoir [où
brûle le bois d'aigle], et prenant du riz sur le bout de son
glaive, il le dépose sur une feuille de bétel. Il saisit un cierge
allumé et l'incline vers la feuille de bétel de manière à faire
adhérer chaque grain de riz au moyen d'une goutte de cire.

Quand le prêtre envoie l'âme du mort, il met son bâton
devant la tête de celui-ci, prend un cierge pour tracer [dans
l'espace] des figures magiques. A l'aide du bouquet il asperge
le cadavre, puis il remet le bouquet à un assistant. Il prend
le cierge allumé, trace avec lui des figures magiques sur la

fleur et le glaive, il réunit ensuite ces trois objets. Il place
un autre cierge sur le front du mort. De la main gauche il
tient le glaive, de la main droite il dessine un oṃkāra dans
l'eau. Il défait le chignon du mort, et, réunissant le glaive, le
bouquet et le cierge dans la main droite, il les agite trois
fois sur le riz, il dessine ensuite un oṃkāra dans l'eau. Il
tourne sa main dans l'eau, [les doigts réunis en pointe,] six
fois de droite à gauche et trois fois de gauche à droite. Puis
il fait tomber quelques gouttes d'eau dans la bouche du mort,
à l'aide du glaive il lui en fait couler sur le front, sur les
deux épaules et sur l'ombilic. Il réunit alors le glaive et le
bouquet.

Il mouille le bouquet d'eau, s'approche du cadavre et
asperge trois fois les endroits ci-après énumérés : le ciel, la
terre, la bouche, les oreilles, le nez, la région mammaire,
l'ombilic, en tout neuf places. Il trace un oṃkāra, avec son
glaive trempé dans l'eau, sur la main du mort, lui fait tomber
quelques gouttes d'eau sur la bouche, dessine encore un oṃkāra sur ses sourcils et jette du riz sur sa tête.

Il demande une pièce de toile blanche neuve et couvre la
face du défunt, puis il offre un peu de riz frit. Après avoir
fait tout cela, le prêtre s'en va jusqu'à un carrefour, et retourne ses habits. A son retour, il verse de l'eau et du riz
sous la langue du mort.

Ce livre enseigne aux prêtres à montrer le chemin aux
âmes des morts au moyen des grains de riz grillé, car c'est
leurs prières qui dirigent les âmes dans la bonne voie. L'âme
d'un homme vertueux prend le chemin du soleil; celle d'une
femme vertueuse prend celui de la lune. Les hommes riches
habitent les pieds[1] du soleil; les hommes peu vertueux les
étoiles brillantes et les serviteurs les nuages gris-blancs.

1. Les rayons. Cf. pour le sens le *skt* pāda « pied, fond, racine,
rayon (les rayons sont les pieds et les mains des astres) ».

Ce livre enseigne aux prêtres comment le grain de riz se change en corps nouveau de chair et de nerfs.

On place un cierge sur le front du mort pour rappeler que l'écoulement des eaux précède la naissance de l'enfant, de même que le riz [traverse l'eau avant de se montrer]. L'embryon [humain] et le grain de riz se ressemblent : car ils sont renfermés dans leur gaine comme une noix d'arec dans son enveloppe. Cette chose précieuse (l'embryon) devient de la chair, des humeurs, des nerfs et des os.

Hommage à Çiva !

(Placer [cette amulette écrite] sur les sourcils du défunt :)

ikatam, kataṅbjam, ṣvāhā.

⚉ On doit réciter un mantra quand on rencontre un bloc de pierre. Si l'on trouve un bloc de pierre près de chez soi on doit planter à côté trois branches d'arbre. Le prêtre est mandé, il frappe dans ses mains, fait claquer ses doigts, répand du sel et récite un mantra sur cette pierre en se tournant vers le nord-est et lave la pierre. Il met dessus une tasse d'alcool et invite les génies à venir le boire et à manger le bétel. Il déplante les trois rameaux et les fait tenir debout près de lui. Il lave de nouveau la pierre et change de vêtements.

Pour une femme, il dit : ikar tot nöm raṣaṣaba (?).

Et pour un homme (?) il dit : ruṅ, ruṅ kar tot rasa ana (?), afin d'inviter les divinités.

Quand on possède une pareille pierre, on se porte bien et le nombre des enfants augmente.

⚉ Ceux qui sont en deuil de plusieurs personnes à la fois doivent toujours avoir sur eux des amulettes portant les signes mystiques suivants :

4 3 4 3 [ ] [ ] RA RA 4 3 4 [UR] AṄ [ ] [ ] [ ] ○

3 3

3 3 3 4 3 [SASATA] 3 4 3 4

1 1 4

Rituel funéraire de Phan-Rang

Nī ḍanap pāralå oraṅ möda

❧ Çvattik çithik çīkāriyā

ka	kha	ga	gha	ṅö |
ca	cha	ja	jha	ñö |
ta	tha	da	dha	nö |
ta	tha	da	dha	nö |
pa	pha	ba	bha	mö |
ya	ra	la	va	
ṣa	ça			
ha |				
ha				
ça	ṣa			
va	la	ra	ya	|
mö	bha	ba	pha	pa
nö	dha	da	tha	ta |
nö	dha	da	tha	ta |
ñö	jha	ja	cha	ca |
ṅö	gha	ga	kha	ka |
ka	kha	ga	gha	ṅö |
ca	cha	ja	jha	ñö |
ta	tha	da	dha	nö |
ta	tha	da	dha	nö |
pa	pha	ba	bha	mö |
ya	ra	la	va	
ṣa	ça			
ha ⫴				

Inömöṣ ṣibay çidhaṃ mömöthir möhŏ a ā i ī u ū ṛŏ ṛŏ lŏ
lŏ e ai o å aṃ aḥ | kakha | kakra | kakla | kakva | kaku |
kakŏ | kaka | kata | kanö | kapa | kamö | kaya | kara |
kala | kava | kaṣa | kaça | kaha | kaḥ |||

℁ Nī cak kurubā phat ||

1, 2, phat dī lakĕi nöçak takuḥ mörjaḥ bar lakā kuiṅ göp
ñu ||

3, 4, ñu phat dī kŭmĕi patiḥ bar göp nöçak kubav ||

5, 6, ñu phat di lakĕi mönöy ḥuk nöçak tipai |

7, 8 ñu phat dī lakĕi mit rapanaṃ nöçak rimóṅ lakā bóḥ
klón ||

9, 10, ñu phat dī lakĕi kumĕi göp ñu nöçak pabaiy ||

11, 12, 13, 14, 15 ñu phat dī göp ñu lakĕi lakā tauk ataḥ
palĕi nöçak nögaray |

nī gaḥ kanaṃ |

1, 2, 3 ñu phat dī lakĕi hatöḥ uraṅ göp ñu ataḥ pålĕi nö-
çak ulā anaiḥ |

4, 5, 6 ñu phat dī lakĕi ça iv möhit nöçak açaiḥ

7, 8, 9, 10 ñu phat dī lakĕi ṅan kumĕi göp ñu kaçan ḥuk
[nöçak] pabaiy |

11, 12, 13, 14 ñu phat dī likĕi kumĕi göp ñu noçak mönuk [ı]

15 ñu phat dī lakĕi nöçak athåu |

10 ñu phat dī göp ñu nöçak kakraḥ lakĕi ṅan kumĕi göp
ñu |||

℁ Nī çī kā möthåu lĕi kā pō baṣeḥ çī brĕi jalan kāçī tar nå
dók tak baik braḥ kumaṅ nan pvöc ḍanap nī |

iṃ in dapiṅ dalā prep mönöy brĕi du pō nå tvĕi jalan prep
mönöy nå dók ça tathan çoṅ ganuḥ yaṅ āditjak ṅan ganu[ḥ]
yaṅ candrök |

yaḥ lakĕi tapaḥ brĕi nå dók ça danók çoṅ yaṅ aditjak |

Rituel funéraire de Phan-Rang. (1re partie comprenant les lettres de
l'alphabet cham.)

yaḥ kumĕi trok kurŏḥ brĕi dók ça tathan çoṅ yaṅ candrök |

lĕi uraṅ gap ḅjap brĕi nå dók tak batuk ya próṅ min |

yaḥ uraṅ o möda çuciḥ mok ghā o nan brĕi dók takai yaṅ āditjak ṅan takai yaṅ candrök |

lĕi uraṅ duḥ nan brĕi nå dók tak laṅik hataṃ ganaṃ paṭiḥ min |||

۞ Nī danap pāralå uraṅ möda ṣvan |

nå ricóv vök mörai ḍuṅ akók lai gan paḥ pan cap ṣaraḳ |

mö[k] djen paṅvöc eṣan dī braḥ thoṅ blóḥ [ı]

mö[k] djen thoṅ çoṅ gan paṅvöc eṣan dī braḥ thoṅ pvöc pāçuciḥ gan bloḥ jap akhar nī || a ā i ī o ō ṛö ṛŏ ḷö ḷŏ e ai å aṃ aḥ |

ka	kha	ga	gha	ṅö
ca	cha	ja	jha	ñö
ta	tha	da	dha	nö
pa	pha	ba	bha	mö
ya	la	ra	va	
ṣa	ça			
ha				

blóḥ ciḥ haṅ pagā yuḥ pāradaṃ çurak akhar dva ḍaṅ yuḥ pāradaṃ |

ciḥ oṃkar lvai bī çjaṃ |

paik hajā haṅ caik halā haṅ dī ṅók oṃkar limö bik |

mö[k] padai daā katöc parai halöp ṅan tapĕi hadĕi ṅan dalaḥ caik dī halā ḷimö urak |

mö[k] gan luk dī taṅin paḥ pan cap paṅvöc eṣan dī braḥ hataṃ mö[k] djen dhóṅ çóṅ gan paṅvöc eṣan dī braḥ hataṃ—

blóḥ jap akhar doṃ dihlău galac |

blóḥ mö[k] thóṅ jhóṅ braḥ batagok caik dī ʼpalak taṅin mö[k] karaḥ grvak ṅók braḥ tuḥ mö[k] karaḥ grvak ṅók mök thóṅ çóṅ gan cróṅ ṅók abha dī apvĕi aṅvök klău ḅaṅ ||

blóḥ daā braḥ trun caik dī halā hataṃ |

nan mö[k] djen pātiñóh ñók ñók braḥ nan |

töl tamö nǻ paralǻ mö[k] gai jriṅ amo[ṅ] kaḥ gap padaṅ pakröḥ akók |

blóḥ mö[k] gan luk dī tiṅin paḥ pan cap ṣarak mö[k] djen hataṃ parai çraḥ gan papvöl trvic apuĕi bā nan brĕi kā uraṅ apan |

mo[k] gan luk dī taṅin paḥ pan cap ṣarak paṅvöc eṣan dī ḅók pitör pvöc pāçuciḥ gan |

blóḥ mö[k] djen thóṅ parai çraḥ gan papvöl trvic apuĕi halău abha dī a[bha] halău klău ḅaṅ |

blóḥ taṅin iv apan thóṅ çóṅ bata ija taṅin hanvuk pāavak bata ija tǻ hanvuk naṃ ḅaṅ iv klău baṅ blóḥ çurak oṃkar bitöl bata jaḥ jalan klău ḅaṅ [!]

blóḥ löḥ ḅuk blóḥ mö[k] thóṅ çóṅ braḥ tuḥ harak dī jjöṅ oṃkar blóḥ pāavak hanvuk naṃ ḅaṅ iv klău [ḅaṅ] blóḥ laik dī pabaḥ klău ḅaṅ mö[k] braḥ töḥ nan pagaṃ dī ḅuk kröḥ akók |

mö[k] gan luk dī taṅin paḥ pan cap ṣarak mö[k] braḥ hataṃ parai çraḥ gan papvöl mö[k] thóṅ çóṅ braḥ ñruk dī ija caik dī thĕi |

jhóṅ ñruk dī ija laik dī bara iv jhóṅ ñruk laik dī bara hanvuk jhóṅ ñruk caik dī baçak |

blóḥ laik ija dī tanöḥ riyā klău ḅaṅ laik dī akǟn klău ḅaṅ laik dī halău ça ḅaṅ |

laik dī pabaḥ klǎn ḅaṅ

laik d[ī] möta iv möta hanvuk |

laik dī iduṅ iv iduṅ hanvuk laik dī taṅī iv taṅī hanvuk laik dī bara iv bara hanvuk laik dī taçău iv taçăv hanvuk |

laik dī baçak |

löḥ thóṅ ulā jhóṅ ija dī palak taṅin çurak omkar blóḥ laik yak baçrók dī pabaḥ ça ḅaṅ traḥ jhóṅ laik yak bapaçuḥ möta pitör |

mö[k] tiñrak parai craḥ gan papvöl gaṃ ḅók |

blóḥ harvai djen paghöḥ dī pabaḥ ñut dī halău |
blóḥ mö[k] braḥ kamań tabjak nå paralå patör jö ‖
blóh nå talöḥ khan pvaḥ pak canaḥ jalan jö. |
töl kiń nå pahvök laik īa blóḥ mö[k] braḥ d[ī] kaduk dien thóń nan crók padöp ulā cońvar möḥ ‖

❂ Nī çī möthău lĕi kā ăcar krön kā braḥ ça urak mön paralå nan hajöń pagaṃ dī kröḥ akók nan kayvā mön kal kiṵ laik kumar nan cacaḥ īa çaun mörai dihlău |

hajöṅ mön töl vök nå gan tvĕi braḥ ça urak nan jjöń padók yvā yău nan pārabhā braḥ nan utoṃ mörat ja |

lĕi ya pak urar braḥ trā ṅan di kal mörai çóń thók dva īa çrai klău daraḥ nöpan nan rĕi |

nan anör çaşuk dhik pajöṅ galac vök mörai lĕi braḥ ça urak dilaṃ bóḥ pānöń nan kumar jo |

halā möḥ laóv patĕi nan ralóv |

baruḥ pahjek kań lańu nan höp ‖

❂ Nī mö pańu ça coḥ kukuḥ yań | kukuḥ yań pō ku şībö dī halău pör möşibö dī takai utoṃ möşibö didak şanök möhö şibö di uttarak ci başibö di töḥ ‖

nī hvak laçĕi ulā urań |

iṃlo banaṃ nat takuṃ şvā takuṃ taba riyā rājā duḥ biḥ nönöń şaunóp tathan i i i şibomō tupida şibaḥya nömöḥ çvāhā ‖

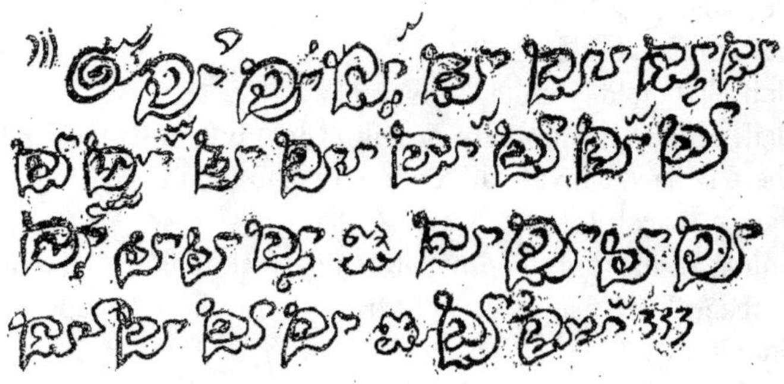

Alphabet mystique du Rituel funéraire de Phan-Rang.

Rituel funéraire de Phan-Rang

⚕ Voici le rituel des cérémonies funèbres pour un homme riche :

Fortune! Succès à l'œuvre[1]!

ha	kha	ga	gha	ṅö
ca	cha	ja	jha	ñö
ta	tha	da	dha	ṇö
[ta	tha	da	dha	nö]
pa	pha	ba	bha	mö
ya	la	ra	va	
ṣa	ça			
ha				
ha				
ça	ṣa			
va	la	ra...		

etc. (V. p. 59.)

Hommage à Çiva!

a, ā; i, ī; u, ū; ṛö, ṝö; ḷö, ḹö, e, ai, o, â, aṃ, aḥ.
kakha, kakra, kakla, kakva, kaku, kakö, kaka, kaṭa, kaṇö, kapa, kamö, kaya, kara, kala, kava, kaṣa, kaça, kaha, kaḥ[2].

---

1. Çvattik çiṭhik çīkārīyā, en sanscrit : svasti siddhi kārya (= kāryasiddhi), formule introductive de presque tous les manuscrits chams kaphirs, et quelquefois banis.
2. Suivant les Hindous les cinquante lettres de l'alphabet représentent les diverses divinités qui habitent l'intérieur du corps humain. Celui-ci est partagé en huit sphères ou régions où les lettres, suivant leurs relations locales et leur fonction, sont réparties dans chaque sphère en groupes consacrés à une divinité. Cf. *Durgā-pūjā*, p. xxiv, n. 20. D'après le Pô Adhja (grand prêtre) de Phan-Rang et contrairement à ce que M. Aymonier rap-

𝔒 Voici les influences néfastes[1].

Quand un membre de la famille paternelle meurt le 1ᵉʳ ou le 2ᵉ jour du mois, un parent né dans l'année cyclique du Rat[2] ayant des taches blanches sur la peau[3] et une cicatrice sur le dos, est sous une mauvaise influence.

Quand un membre de la famille meurt le 3ᵉ ou le 4ᵉ jour du mois, un parent ayant la peau blanche, né dans l'année cyclique du Buffle, est sous une mauvaise influence.

Quand un membre de la famille paternelle meurt le 5ᵉ ou le 6ᵉ jour du mois, un parent ayant les cheveux fins, né dans l'année cyclique du Lièvre, est sous une mauvaise influence.

Quand un membre de la famille paternelle meurt le 7ᵉ ou le 8ᵉ jour du mois, un parent ayant une cicatrice à la tête ou

porte (*Gram. chame*, p. 9 et *Les Tchames et leurs religions*, p. 43), les Chams apprendraient à lire cet alphabet avant de passer à la lecture des noms d'animaux du cycle duodénaire et des divers écrits. — Les éclaircissements entre crochets, ici et dans tous les textes traduits, m'ont été suggérés par le Pô Adhja et d'autres prêtres. — Remarquer que les consonnes ajoutées (p. 72, n. 1) manquent à cet alphabet.

1. Phat ($=skt.$ patita, $\sqrt{\text{pat}}$ « tomber, déchoir »), « deuil, exclusion des rites, qui exclut des rites, qui rend impur ». Phat signifie encore « influence néfaste qui rend impropre à prendre part à la vie religieuse ». L'amulette (tamrak), qui seule peut conjurer l'influence néfaste, est une feuille de plomb sur laquelle un prêtre a tracé des signes mystiques; roulée en cylindre, elle est portée au cou comme un collier. Il convient d'offrir ensuite au prêtre du riz, des feuilles de bétel, des noix d'arec, de la chaux, de l'alcool ou un vêtement. Le tamrak est comparable aux yantras et kàvacas, tablettes de métal, de pierre ou de papier auxquelles les Hindous attribuent une vertu occulte et aux kãtha-akom et camnãn-kãr des Khmers, diagrammes magiques tracés au stylet sur une feuille de palmier roulée ensuite en boule qu'on suspend au cou par un fil de coton.

2. Sur le Cycle, v. p. 93, n. 1.

3. L'albinisme partiel est très fréquent chez les Chams et les autres Indo-Chinois. L'absence de tout pigment cutané se rencontre parfois, ainsi que j'ai pu l'observer sur deux enfants Khmers atteints d'albinisme total.

au siège, né dans l'année cyclique du Tigre, est sous une mauvaise influence.

Quand un membre de la famille paternelle meurt le 9° ou le 10° jour du mois, un parent né dans l'année cyclique de la Chèvre, est sous une mauvaise influence.

Quand un membre de la famille paternelle meurt le 11°, 12°, 13°, 14° ou 15° jour du mois, un parent ayant des cicatrices aux genoux, habitant loin du village [du mort] et né dans l'année cyclique du Dragon, est sous une mauvaise influence.

Quand un membre de la famille paternelle, ayant atteint l'âge de trente ans, meurt le 1er, le 2° ou le 3° jour du mois, un parent habitant loin du village [du mort] et né dans l'année cyclique du Petit Serpent, est sous une mauvaise influence.

Quand un membre de la famille paternelle meurt le 4e, le 5° ou le 6° jour du mois, un parent habitant à une portée d'écho de la maison du défunt et né dans l'année cyclique du Cheval, est sous une mauvaise influence.

Quand un membre de la famille meurt le 7°, le 8°, le 9° ou le 10° jour du mois, un parent ayant les cheveux fins, né dans l'année cyclique du Cochon est sous une mauvaise influence.

Quand un membre de la famille meurt le 11°, le 12e, le 13° ou le 14e jour du mois, un parent né dans l'année cyclique de la Poule est sous une mauvaise influence.

Quand un membre de la famille paternelle meurt le 15° jour du mois, un parent né dans l'année cyclique du Chien, est sous une mauvaise influence.

Quand un membre de la famille meurt le 10° jour du mois, un parent homme ou femme, né dans l'année cyclique du Singe est sous une mauvaise influence.

☙ Ce livre enseigne au prêtre à célébrer la cérémonie du riz grillé. Pour qu'elle soit efficace, que le prêtre prononce ces

paroles : « Om ! In ! Seigneur, écoute un ignorant qui balbu-
tie, permets à l'âme du défunt de prendre la bonne route,
celle qui mène au séjour des esprits solaires, celle qui conduit
à celui des esprits lunaires ! »

Grâce à cette cérémonie l'homme riche en austérités re-
joindra seul les esprits solaires ; la femme vertueuse prendra
place au milieu des esprits lunaires. Les hommes qui ont
mené une vie irréprochable habiteront les planètes[1] ; les
hommes peu vertueux, excepté les menteurs, se tiendront
aux pieds des esprits solaires et lunaires[2]. Les menteurs
iront demeurer pour toujours dans les nuages gris-blancs[3].

1. « Les rayons de celui qui brille là-haut (le soleil), ce sont
les hommes pieux... Les hommes pieux qui vont au ciel, les lu-
minaires sont leur clarté. S. Lévi, *La Doct. du Sacr. dans les
Brâhmaṇas*, p. 98.
2. Sur le sens de « pieds », v. la n. 1, p. 157.
3. Image de la fausseté. — Les idées des Chams sur la destinée
de l'âme, et l'âme elle-même, sont très confuses. En dehors du
séjour des esprits solaires, lunaires et des nuages gris-blancs,
les prêtres m'ont parlé de l'âlā tanŏḥ riyā, vagues enfers indéter-
minés. Un texte compare l'âlā tanŏḥ riyā, à une divinité pourvue de sept tŏl (régions), savoir : le ventre, les seins, le nombril,
les cuisses, les mollets, les yeux et les pieds. (Cf. les sept régions
du pātāla ou enfers hindous.) Le ciel où se meuvent les astres a,
d'après le même texte, une bouche, des oreilles, des mains, des
yeux, un nez, un front et un crâne.
L'âlā tanŏḥ riyā (litt. *inferiores partes terrae*) serait la patrie
définitive des âmes qui ne passeraient dans le soleil, la lune et
les nuages gris-blancs que le temps nécessaire à les juger. Elles
vivraient dans ce lieu comme sur la terre ; les bons y seraient
riches et heureux, les méchants malheureux et esclaves des bons.
Le soleil Ija Harĕi, Pô Aditjak (āditya) est une divinité redou-
table qu'on n'ose regarder en face, c'est pourquoi (disent les
Chams) on se tourne, par respect, du côté du nord-est dans toutes
les cérémonies rituelles. — Cf. les expressions chames Ija Harĕi,
« astre, soleil liquide » et Ija Bulan, « lune liquide » avec le nom
Jalāṅgeça, « Seigneur de (l'astre) au corps liquide », c'est-à-dire,
de la lune, donné à Çiva (*Inscrip. sansc. de Campâ et du Cambodge*, fasc. I, inscr. XV B, 5, pp. 106 et 112.)
La lune, Ijā bulan, Pô Candrŏk (*skt.* : candra) est habitée par
la Pajâ Yaṅ. Elle donne aux âmes qui viennent la saluer après

Voici le rite [à observer] pour envoyer l'âme d'un homme [dans le corps mystique?] :

Le prêtre doit se baigner, s'envelopper la tête avec un turban[1], mouiller un bouquet [dans l'eau pour les aspersions][2], frapper dans ses mains, ressaisir le bouquet, faire claquer ses doigts, dessiner [un diagramme magique avec du riz]. Un cierge à la main il dispose un plateau de riz dans la direction du nord-est.

Un cierge, un glaive et un bouquet sont, comme le plateau de riz, tournés vers le nord-est; le bouquet est purifié au moyen d'un mantra[3].

Tracer, ensuite, ces caractères avec du riz :

a ā i ī o ō ṛö ṛŏ ḷö ḷŏ e ai å aṃ aḥ

ka	kha	ga	gha	ṅö
ca	cha	ja	jha	ñö
ta	tha	da	dha	nö
pa	pha	ba	bha	mö
ya	la	ra	va	
ṣa	ça			
ha.				

la mort, une plante fleurie, nommée jrū dók dī iṇa bulan (remède lunaire), qui leur permet d'effectuer sans fatigue le voyage de l'ālā tanöḥ riyā. — Les Purāṇas nous apprennent que la lune est le séjour des Pitṛis. Sous le nom d'Oṣadhipati ou Oṣadhiça, « maître des herbes », elle fait naître les plantes qu'elle nourrit ensuite de sa lumière. La lune renferme aussi l'amṛta (= ἀμβροσία), nectar des dieux.

1. Il s'agit de former un corps nouveau au mort et l'on se couvre la tête pour rappeler que l'embryon est enveloppé dans les deux membranes de l'amnion et du chorion.

2. La fleur d'une Composée, très commune en Annam, la *Conyza indica*, Bl. (*Cham* baṅū dadjak, *ann.* bông lực, *jav.* buntas) sert habituellement à faire le bouquet d'aspersion. mais en cas de nécessité on peut utiliser toute autre fleur. Une autre Conyze, la *Conyza lacera* Burm. (*skt.* kukuradru, *beng.* kukursungā *hindūst.* kukkurbandā), est employée dans la médecine indienne.

3. Voici la formule de purification généralement usitée :

Décrire, dans la maison un cercle [autour du cadavre][1], retenir sa respiration, effacer le cercle; tracer deux caractères [avec du riz], retenir sa respiration, les effacer; écrire un oṃkāra[2]. Que tout soit fait dans l'ordre prescrit[3] !

Cueillir du bétel sauvage[4], en mettre une feuille à cinq endroits de l'oṃkāra. Prendre du riz non décortiqué (paddy), s'incliner, enlever la bale [avec les doigts], piler ce riz et le tamiser; placer la farine obtenue à la pointe des cinq feuilles de bétel.

Prendre le bouquet, se le passer sur les mains, frapper dans ses mains, ressaisir le bouquet, faire claquer ses doigts, asperger au nord-est [avec le bouquet trempé d'eau] le riz, les quatre piquets porte-cierges et le glaive; jeter, au nord-est, du riz sur les piquets.

Après avoir, comme précédemment, tracé plusieurs carac-

« Om eṣan gan nŏçar bi bajjŏ nŏṃ mŏk eṣaraḥ » = « Om. Que ce bouquet humecté au nord-est réunisse toutes les divinités bienfaisantes par la vertu de son contact ! »

1. On trace un cercle autour du mort pour empêcher l'âme de s'échapper et d'aller tourmenter les assistants.

2. Proprement la syllabe sacrée oм. Chez les Chams toute espèce de figure magique.

3. La moindre faute rituelle fait perdre à la cérémonie son efficacité.

4. *Piper betle* ou *betel*, Linn. (*malayālam* veṭṭila, *chàm* halā, *khmer* melu, *laotien* ph'u, *annamite* trâu). La feuille de cette plante fait toujours partie des oblations offertes aux divinités soit entière, soit divisée ou roulée en *chique*. La chique de bétel, connue dans l'Inde sous le nom de pawn-sooparie, orthographe anglaise de l'hindūstani pān supārī, « bétel et arec », est le masticatoire habituel des Indo-Chinois, des Malais, des Javanais et des Japonais. Les Chinois n'en font guère usage. Elle se compose d'une feuille de bétel, sur laquelle on a étendu un peu de chaux de coquillages, et d'un quartier de noix d'arec, *Areca catechu*, Linn. (*malayāl.* aḍakka, *cham* panŏṅ. [Cf. *mal.* pinaṅ], *khmer* sla, *laot.* mak, *ann.* cau). On y mêle parfois un peu de tabac ou de *gambir* ou *gambier*, extrait malais de feuilles de *Nauclea Gambier*, Hunter et d'*Uncaria Gambier*. Roxb. (Rubiacées).

tères, reprendre sa place. Puis remuer le riz avec le glaive, élever [à la hauteur du front le plateau de riz], prendre du riz dans sa main.

Avoir un anneau [d'or][1]; mettre du riz sur un plateau, y déposer l'anneau, s'emparer du glaive et du bouquet; disposer des charbons ardents en avant sur la cendre placée dans un petit brasier[2] [présenter au feu le bouquet], trois fois.

Ensuite offrir du riz [en l'élevant à la hauteur du front], l'abaisser, en mettre [quelques grains] sous les piquets porte-cierges après avoir fait dégoutter de la cire sur ce riz.

Se munir d'un bâton[3] pour aller célébrer le rite, écarter [avec lui les linges qui couvrent la face du mort et le placer] au milieu de la tête du défunt.

Prendre le bouquet, se le passer sur les mains, frapper dans ses mains, ressaisir le bouquet, faire claquer ses doigts, dessiner un diagramme magique, réunir les piquets porte-cierges, les séparer, faire des aspersions avec le bouquet, le replacer [dans le vase d'eau], rallumer les cierges, passer le bouquet à un assistant.

Reprendre le bouquet, se le passer sur les mains, frapper dans ses mains, ressaisir le bouquet, faire claquer ses doigts, dessiner un diagramme magique, asperger en se tournant vers le nord-est la face du défunt, réciter un mantra pour purifier le bouquet[4].

Tenir ensemble les cierges et le glaive, les séparer, les

---

1. Symbole du bonheur et de l'immortalité.
2. Le brasier dont il est question ici n'est souvent qu'une simple boîte rectangulaire en feuille de bananier dont le fond, recouvert de cendres, porte quelques charbons allumés.
3. Le bâton (gai) des prêtres chames (= le daṇḍa des Brâhmanes) est long d'un peu plus de deux mètres, c'est la tige d'un rotin qui porte en cham le nom de gai jrŏṅ amoṅ (*ann.* cây suy). L'extrémité du bâton doit être garnie de racines qui sont tressées ensuite de manière à former une sorte de coupe. (V. p. 61.)
4. V. p. 169, n. 3.

asperger avec le bouquet, les réunir. Allumer les cierges devant la tête du mort et les éteindre, trois fois de suite.

On tient après dans la main gauche un glaive et un vase d'eau et de la main droite on tourne les doigts réunis en pointe, dans l'eau, six fois à droite et trois fois à gauche ; tracer, trois fois, un omkāra au fond du vase pour préparer la route au mort[1].

Défaire alors les cheveux [du défunt], prendre du riz sur la pointe du glaive et en former un omkāra ; tracer [en l'air] avec les doigts réunis en pointe, trois tours à droite et trois tours à gauche, mettre à trois reprises des grains de riz dans la bouche du mort ; rattacher fortement les cheveux au sommet de la tête après y avoir placé un peu de riz[2].

Prendre le bouquet, se le passer sur les mains, frapper dans ses mains, ressaisir le bouquet, faire claquer ses doigts ; asperger avec le bouquet l'omkāra de riz et les piquets porte-cierge, les présenter au feu ; prendre du riz avec le glaive, le tremper dans l'eau et le placer sur le front du mort.

A l'aide du bouquet, trempé d'eau, faire une aspersion sur l'épaule gauche du défunt, une aspersion sur son épaule droite, une aspersion sur son nombril, une aspersion sur le sol ; recommencer trois fois.

Asperger le ciel, trois fois ; asperger la tête [du défunt], une fois ; asperger sa bouche, trois fois ; asperger l'œil gauche, une fois ; asperger l'œil droit une fois ; asperger la narine gauche, une fois ; asperger la narine droite, une fois.

Une aspersion dans l'oreille gauche ; une aspersion dans l'oreille droite ; une aspersion sur l'épaule gauche ; une aspersion sur l'épaule droite ; une aspersion sur le sein gauche ;

1. Le geste de tourner les doigts dans l'eau la rend propre à purifier le corps du mort. V. p. 150, n. 2.

2. « Les cheveux, disent les Chams, sont l'image de la terre fertile où le riz fructifie. »

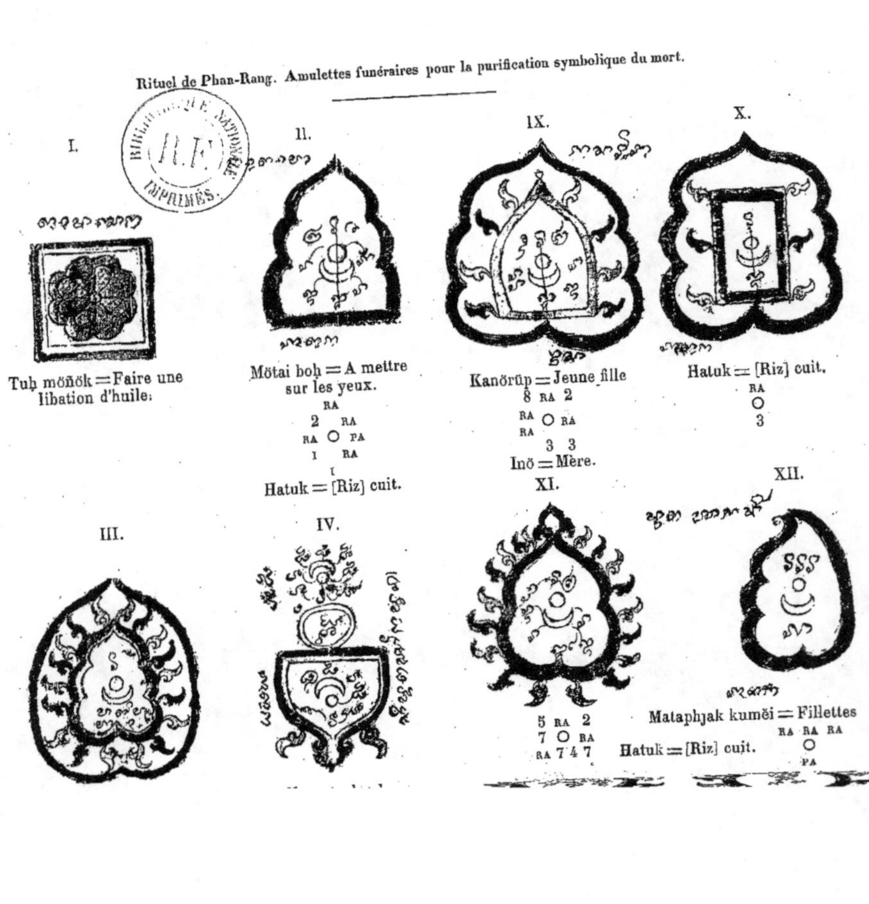

I.
Tuḥ mönök = Faire une
libation d'huile.

II.
Mötai boḥ = A mettre
sur les yeux.
RA
2 RA
RA O PA
I RA
I
Hatuk = [Riz] cuit.

III.

IV.

IX.
Kanörüp = Jeune fille
8 RA 2
RA O RA
RA
3 3
Inö = Mère.

X.
Hatuk = [Riz] cuit.
RA
O
3

XI.
5 RA 2
7 O RA
RA 7 4 7
Hatuk = [Riz] cuit.

XII.
Mataphjak kuměi = Fillettes
RA RA RA
O
PA

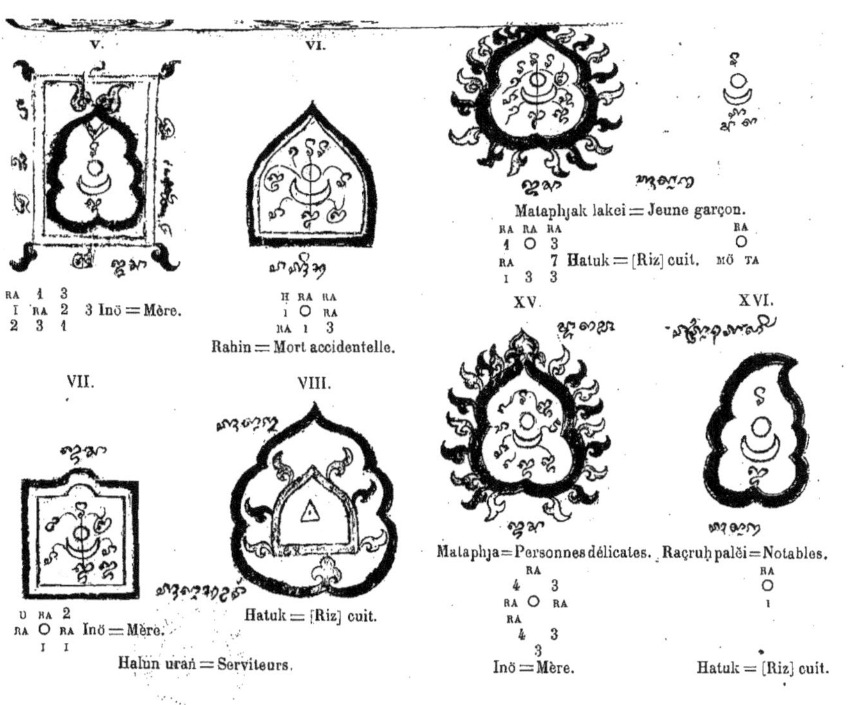

V.   VI.

RA 1 3
I RA 2 3 Inö = Mère.
2 3 1

H RA RA
1 O RA
RA 1 3

Rahin = Mort accidentelle.

Mataphjak lakei = Jeune garçon.

RA RA RA   RA
1 O 3   O
RA   7 Hatuk = [Riz] cuit.   MÖ TA
1 3 3

VII.   VIII.

U RA 2
RA O RA Inö = Mère.
I I

Hatuk = [Riz] cuit.

Halun uran = Serviteurs.

XV.   XVI.

Mataphja = Personnes délicates.   Raçruh palĕi = Notables.

RA   RA
4 3   O
RA O RA   I
RA
4 3
3

Inö = Mère.   Hatuk = [Riz] cuit.

une aspersion sur le sein droit; une aspersion sur le nombril.

Poser le glaive à terre, verser un peu d'eau dans la paume des mains, tracer un oṃkāra, faire une aspersion dans la bouche; mouiller d'eau les yeux du défunt.

Préparer une pièce de coton carrée, la purifier en y passant le bouquet, la parfumer et couvrir la face du mort, approcher un cierge de sa bouche et le ficher sur son front; mettre à part du riz grillé.

Le rite funéraire est accompli.

Enfin le prêtre change de tunique, de robe et de turban; il marche jusqu'à un carrefour[1]; [revenu] il offre le repas funèbre. Pour cela, ayant fait une libation d'eau, il prend du riz grillé sur lequel il fait couler la cire d'un cierge et l'introduit, au moyen du glaive, sous la langue du défunt[2].

Ce livre enseigne clairement au prêtre le sens du rite du grain de riz dans les cérémonies funèbres; il importe de s'en pénétrer l'intelligence.

Au moment de la naissance, les eaux s'écoulent d'abord et le nouveau-né vient après; c'est pourquoi le riz est aspergé d'eau avec le bouquet.

La division du riz est aussi un symbole, car les quatre grains de riz et plus représentent respectivement le placenta, les deux eaux et le sang, placés dans le sein obscur [de la mère] comme la semence d'arec dans son enveloppe.

La feuille d'or[3] et la cime de bananier représentent la chair.

1. Pour dépister l'âme du mort. Le dieu Rudra se tient dans les carrefours.
2. Afin de nourrir l'âme du défunt et lui former un corps capable de la recevoir, d'après le grand-prêtre de Phan-Rang.
3. Pour couvrir la bouche, le nez et les yeux du mort. Les Chams se servent habituellement d'une feuille de papier doré de provenance chinoise. L'usage de mettre un morceau d'or sur les

Le sésame[1] symbolise le sperme [et tous les fluides du corps humain].

[Au moment de cueillir les fleurs qui composent le bouquet d'aspersion].

Cueillir une fleur de bañū dadjak et se prosterner devant les divinités. S'incliner devant les divinités et devant Çiva, lever les mains jointes au front et les abaisser jusqu'aux pieds. Porter les mains jointes à sa droite en invoquant le majestueux Çiva, et se tournant vers le nord. Prononcer distinctement les paroles rituelles.

[La cérémonie exige le concours de quatre prêtres ; si l'un d'eux était obligé de s'absenter au moment du repas funèbre celui qui prendrait sa place dirait :]

Ceci [est dit] par le prêtre qui en remplace un autre au repas du riz :

Om !... Hommage toujours à Çiva ! Gloire !

[Suivent les lettres de l'alphabet cham (voir ci-dessus, p. 164), tracées en caractères qui procèdent de l'*akhar rik* (p. 91 sqq.), et dont le sens échappe aux prêtres. Les officiants doivent les écrire sur du papier jaune et les placer sur le mort et dans leur ceinture.

Les amulettes funéraires ci-contre terminent le manuscrit.]

---

sept ouvertures de la tête (sapta prāṇāyatanāni) est constant dans toutes les écoles védiques. Cela a lieu aussi à la naissance et lors de l'agnyādheya « rite de la position des feux sacrificiels ». (Voy. W. Caland, *Die altindischen Todten-und Bestattungsgebräuche*, § 26, p. 47.) — Grabowsky (*Internationales Archiv für Ethnographie*, t. II, p. 179), rapporte que les Dayaks du sud-ouest de Bornéo posent une lamelle d'or sur les yeux d'un mort afin que son âme, ayant les yeux cachés, ne puisse apercevoir ses proches et soit ainsi mise hors d'état de leur nuire. Les Chams croient simplement que l'or rend immortel.

1. Le sésame (*skt.* tila) purifie et réjouit les trépassés ; créé par Yama, il est le symbole de l'immortalité (V. *Açalāyana-Grhya-Sūtra*, kaṇḍika, 7, v. 11 ; p. 353 de l'éd. des *Sacred Books*.)

Chant pour le Transfert des Os dans la Sépulture de Famille.

|| Adóḥ bā talaṅ tamö kut ||

ni lĕi liṅṅan' panan çu bhak thău pakal halĕi danók | ke
akya klău bóutrā² möṅ nå pō jā liṅṅan panan | ke lĕi ya jjöṅ
adĕi alvic kelĕiṣa³ ē tahā ||

Kelĕi rālac in taḥ payet çā gaḥ möår dī can ||

Kelĕi rālac çā bóṅ panan unī ṅan lan pīdhī halĕi ||

Nī lĕi rālac kai pól möṅ nå truḥ nan bóḥ grā patiḥ ||

Nå töl tatvā höp jev taṅī halĕi nādhī⁴ tabjak paḍaṅ |||

PRIÈRES DU MÖDVÖN

Texte

❧ Nī panvöc alaṅ kar labĕi nī |

Ganaṅ baṅ ṣaranai ganöṅ yaṅ imön | jör pvön tā riṣā
baṅva bar monvör | pvön tā riṣā baṅva bar rampöṣ | pvön ta
riṣā baṅva bar mörjaḥ | tā taḥ bar röṅā caḥ yā bar hanai |
ganaṅ baṅ ṣaranai ganaṅ yaṅ imön | jañaṅ bar jabat anak
mārika jañaṅ bar tijuḥ | ṣapluḥ pājarĕi lipöṣ līyaṅ bar aṅin
liyaṅ bar mörai | ganaṅ baṅ ṣaranai ganaṅ yaṅ imön kaphöt
bar patiḥ dī kal taṃ kal muv lā möjā dulō | jañaṅ tvan pāta-
rot möṅ dī kal ṣakjet lataiḥ lajet adap | dī cjev taṅaḥ tiduk
dī dunyā ṅī ṇī | jör tjādak ṣadör mönaṃ ganaṃ tjadak
mokön |

Cjeuv tjādak tiduk tīdur jalan tjadak ṣamaṅ ṣadaḥ jañaṅ
tvan pamölöṅ pālöṅ pāçuyör kabot çalaṃ | kak nā daik nā
aṅök ticō jañaṅ tvan mintak dī tvan | tohan ṣanjör nak bāyök
tohan bākak ṣadaḥ jañaṅ tvan pā hakak dun yā hakak mĕi |
bot bāyör njet bā kavöl | ayō muk brī ka jañaṅ tvan | ṣadör
mīnuṃ kör jör | ṣadör page jalan kĕiřĕi kak nan | ṣadaḥ jañaṅ
tvan tīduk dī kuphöt tīduk dī saruṅ jañaṅ tvan būvak hakak

1. Corr. liṅga? — 2. pautra? — 3. kalaça? — 4. nandi?

dur yā hakak rimĕi | bot kayar njet biyör kavöl | jañań tvan
halar tīduk dī dur yā ńini tvan |

Halar çabóḥ ratań gā çagilā alaṃ dī dalaṃ ramāḥ dī dunyā
lapöṣ dī lāmóv gītā | çagilā alaṃ dalaṃ kumin hataṃ ayaṃ
bar biraik tańgā çagilā alaṃ jañań tvan | kĕirĕi brī talaḥ
kĕirĕi | jañań tvan kak nan brī tālaḥ kak nan | sakjet ṣabāña
kiet inī bukan ñā urań yań lain | anak cō cō gitā jūlak | min
tak tō lóń inī dańan ṣabunar ñā | dańan tvan tōhan bilā |
jañań tvan miḥ ṣākan bukan | la ṣiksā jañań tvan | pĕibhāto
pĕi bhā tjeṃ | pĕi bhā adaik | dan kā kak brī kābunā | bāvak
jañań tvan bayör atań | njet kaṣiu kaṣeḥ maliń tań tīpak tīńat
tī rimā aṃ baik pālū | pātviṣ ka mödjen | mintak pā amur kan
pan jań | lapöṣ rābū tabut lapöṣ rābū bulan | kantovan
pataik kā diñań tvan | ayokan jañań hón kan tovan | ayō
kabunā chai yāla tvan ko ‖|

Prières du Mödvön

Traduction

[Objets nécessaires à la cérémonie :]

Un tambourin (ganań), une flûte à sept trous (ṣaranai), un
tambour plat à une face (baranöń) ;

De l'eau, du bétel, un vase où est piquée une fleur rouge ;

Du bétel, un vase où est piquée une fleur rose ;

Du bétel, un vase où est piquée une fleur rouge sombre ;

Un vase [où est piquée une fleur] de couleur verte.

(*Le tambourin, la clarinette, le tambour plat* [*se font entendre*]). Une femme [avec une écharpe] de couleur rouge, à genoux, elle a [une jupe] de couleur noire, elle se tourne du côté
[du mödvön]. C'est la prêtresse, elle salue, joint les mains,
prend un éventail blanc, s'évente plusieurs fois de suite. (*Sons
de tambourin, de clarinette et de tambour plat.*) La prêtresse
dont la tunique est blanche [et la jupe noire] prie avec fer-
veur, elle implore les mauvais génies. Elle s'accroupit, elle

a l'aspect d'une personne depuis longtemps malade, excessi-
vement maigre. [Elle se couche] sur une natte, s'évanouit et
ne reconnaît ni l'eau, ni le riz, ni les gens. Inconsciente, elle
est insensible à la chaleur et au froid.

[*Le Mödvön chante alors :*]

« Moi, prêtresse, je prierai, j'invoquerai [les génies mal-
faisants]pendant toute la nuit. Pour moi ce malade est comme
ma sœur, ma sœur cadette, ma petite-fille. Épargnez-le, [ô
génies], cherchez d'autres victimes dans le monde ! Il paiera
sa dette entièrement ! Demandez-m'en compte à moi prêtresse ! Je sais verser les libations d'eau, je connais ma route[1],
ici ou là, à droite ou à gauche. Si vous ne m'écoutez point,
je m'étendrai sur une natte ou sur un vêtement, je vous en-
velopperai dans les plis de ma robe... Je travaillerai à vous
payer entièrement la dette [du malade]. Si vous me donnez
satisfaction, je resterai assise ou debout au milieu des assistants, des maîtres de maison, des parents, des frères. Ils vous
offriront des bœufs, des buffles, des chevreaux noirs, des
poules. Moi, prêtresse, je les demanderai pour vous, [ô génies !] On les amènera d'ici et de là. Moi, prêtresse, je donne-
rai la permission de vous les offrir, si le malade devient bien
portant, s'il peut rentrer dans sa famille ! Les fils, les petits-
fils, les membres de la famille m'implorent, je suis bienfaisante, je veux leur être agréable. »

[*Le Mödvön dit pour les Génies :*]

Nous ne l'ignorons pas !

« Je ne suis qu'une humble prêtresse, ne me faites pas souf-
frir. Si ce malade venait à mourir, les membres de sa famille
paternelle et maternelle seraient obligés de pourvoir aux be-
soins [des orphelins]... »

Le Mödvön frappe sur son tambour plat [*et continue :*]

1. Les rites.

« Moi-même, je leur ferais l'aumône, j'irais moi-même mendier de maison en maison. Accordez ma demande, je vous supplie [de rendre] la santé [à ce malade]. Que je n'aie pas à vous importuner [pour lui] en ce mois, en cette année. »

La prêtresse se réveille ; elle remercie les Génies.

Le Mödvön frappe sur son tambour [et dit enfin :]

« Faites que tout ceci soit accordé ! »

Autre Prière du mödvön

☙ Nĭ panvöc modvön adóḥ daā ṅap rijā apaḥ baramöṅ nĭ bā raḅaṅ ahar djöp pvöc yău nĭ ||

[Voici les paroles que le mödvön chante pour inviter les divinités (,pour obtenir la guérison d'un malade), faire le rijā, louer un baranöṅ. Il les répète aussi en donnant à manger à l'assistance des gâteaux de riz glutineux :]

Șan tap bar tovan | șatap bar lā ña van | șatap bar ṅĭ lō | tap bar ḅaṅ tavan | ça riḅaṅ bar anaḥ | liṅa dak dē çīnĭ |

Lamak bar mönōmēș | liṅa dak dē çīnĭ | pașaṅ bar jalöc | liṅa dak dē çīnĭ tvan kō mörā șakir | taṃ baïk rāmĕi ||

☙ Nĭ bā laçĕi pvöc |

[Quand on apporte le riz il dit :]

Șataṃ bar tavan |

☙ Nĭ panvöc bā rāḅan līçĕi yău nĭ |

[Cette formule (est dite) quand l'assistance mange le riz :]

yanaṃ bar taṃ bur | mönaṃ bar tataḥ | arvaḥ tvan caïk patrī | kuraṅ ña dar ganaṃ | ayaṃ bar baraïk | ayaṃ bar baraïk | taḥ bar | ganaṃ bar taṃ bur | giraṅ ña dar ganaṃ | mökan ña dar ganaṃ | ganaṃ gāraṅ gāraṅ | rāyaḥ garaṅ tvan kō möraḥ | kir taṃ baïk ramĕi |

☙ Nĭ adóḥ tāmjā yău nĭ |

[Voici le chant de la tāmjā (danse rituelle) :]

Buyön ṅan dvai buyön | șan tak bar tō van tvan buyön |

dataṅ bar tō van tvan buyön | dataṅ lā ñā talaṅ bar ṅi lō tvan
ṅi lō çaribaṅ bar ināḥ liṅa dak dē çīnī | pāṣaṅ bar jalöṣ liṅa
dak dē çīnī ||

Tvan kō bamörā || ṣakir taṃ bak ramĕi ||

☉ Nī çī halā mōk nak lĕi koṃ bön çaṅ yet tvan anak tvan
caik patrā lanaik dī ṅók kāda pālana kuda ejak ejak kuda
jaman gaṅ dalī kuda būtut kuda havī pālók gvāṣā kuda chai
yā tvan ayō kan jañaṅ pāhón kan jañaṅ pākón kan tō van ayō
kan bunā chai yā la tvan |||

[Les mödvöns ne comprennent plus la langue de ces chants
traditionnels, mais ils pensent qu'ils signifient à peu près ceci :]

« Gloire à vous, Esprits, qui m'avez guéri. Daignez accepter maintenant mon offrande. Accordez désormais une vie
tranquille à tous les miens, faites que nos récoltes et notre
prospérité soient abondantes. »

(Pour celui qui n'a pas de parents, le mödvön ajoute :)

« Je n'ai ni père, ni mère, ni cousin, je suis seul. Seuls les
esprits et les voisins peuvent venir à mon secours. Que vos
Seigneuries de retour dans leur demeure ne m'abandonnent
pas, qu'elles songent à revenir pour me protéger en tous
lieux. O Esprits, accordez-nous l'abondance de biens et éloignez de moi les malheurs ! »]

Prières de la Récolte du Bois d'aigle

Prière du prêtre avant le départ des chercheurs de bois d'aigle :

☉ Nī pō klóṅ garai çóṅ abiḥ pō bimoṅ kalan çoṅ po bjā
binön dī po gāluṅ çóṅ abiḥ kuñī çóṅ abiḥ drĕi klóṅ brĕi kā
adĕi ṣaai klóṅ nå ṅap pabaiy mönuk laçĕi ikan limöḥ pō brĕi
klóṅ nå jvak glai |||

Le Pồ Gahlå dit ensuite :

☉ Brĕi jamóv hū hai pō |||

Les Kuñis répondent :

☉ Möyaḥ hū nan adĕi ṣaai |||

Après une bonne récolte, les chercheurs de bois d'aigle disent :

☙ Mörai un grŏp pō III

Pour obtenir une bonne récolte on dit :

☙ Dī gröp hālan anit ñap dhar hai pō III

Ou encore :

☙ Nå möin glai brĕi jamóñ lóv lap III

Les Kuñis récitent cette formule en arrivant dans la montagne :

☙ Pō bjā banön klóñ nå çañ yău çĕi urañ bhak cök bhak
riglai mök gahlău pō ñu mötai anök tacóv ñu III

Quant la récolte est terminée :

☙ Klóñ pik kubav mai biyar thraiy pō bjā binön likău ñap
jö kā bā ka patå III

Traduction des Prières de la Récolte du bois d'aigle.

**Prière du Prêtre avant le départ des Chercheurs
de Bois d'Aigle :**

Que Pô Kloñ Garai, tous les dieux des temples et des
tours et la reine Binön, se réunissent en présence du Pô
Gahlå et de tous les Kuñis !

Qu'il soit permis, au moment du départ, à leur frère ca-
det et à leur frère aîné, d'offrir cinq sacrifices composés de
chèvres, de poules, de riz et de poissons !

Que le Seigneur Pô Kloñ Garai [guide] les chercheurs à
travers la forêt !

Le Pô Gahlå dit :

Puissent les Seigneurs nous favoriser !

Les chercheurs de bois d'aigle (kuñis) répondent :

Puissions-nous obtenir [le bois d'aigle], frère !

Après une bonne récolte, les chercheurs de bois d'aigle disent :

Nous sommes pleins d'allégresse, Seigneurs !

Pour obtenir une récolte abondante ; on dit :

Puissent les divinités de tous les temples nous faire obtenir une récolte abondante.

Ou encore :

Favorisez ceux qui vont parcourir la forêt !

Les Kuñis récitent cette formule en arrivant dans la montagne :

Puissante reine Banön, ô déesse, je me confie à vous, dans votre maison. Si quelqu'un venait pour ravager la montagne, détruire la forêt, s'emparer du bois d'aigle, qu'il meure lui, ses fils et ses petits-fils !

Quand la récolte est terminée :

Seigneur ! pour acquitter ma dette je vais égorger un buffle ; reine Banön je puis désormais payer l'impôt au roi !

Chant du Kadhar au Sacrifice du Buffle

᙮ Nī panvöc kadhar adóḥ pamrŏ kubav ||

Oni oni kău ḍiḥ klaṃ nī kău lāpĕi ḅóḥ ṣań ḅóḥ cĕi tapań mök cĕi tū blak ||

Oni oni kău ḍiḥ klaṃ nī kău lāpĕi ḅóḥ lamön kók rak ḅóḥ cĕi tu bhak mök cĕi takuḥ ||

Oni oni kău ḍih klaṃ nī kău lapĕi ḅóḥ lamön kók ḅjuḥ ḅóḥ cĕi tākuḥ mök cĕi lāpań ||

Ahók klău pluḥ tijuḥ kău nå mök ṅuḥ dī canpa lå.

Ahók klau pluḥ dubā kău nå mök ijā dī campā lå

Hadoḥ paróv pók bhóń paróv papóḥ mök lóv prön lĕi ṣā mök | ṣā mök evuĕi ṣanak ṣak kuyā lakĕi paik tā rā jjök ||

Lādu hlŏ kāmök jjöń kā kău lanó lvak kayău klău ça balan ||

Balan evuĕi ṣanak ṣak kayā lakĕi daā mörai baik tārajök | mödöḥ drĕi mök haṣ çī lok kacā la thău yóṃ mŏda bhap nī kā kău ||

Traduction du chant du Kadhar[1].

(Voici ce que dit le Kadhar au sacrifice du Buffle).

Oui! Oui! J'entre dans la nuit; je vois en rêve [la déesse] Ṣaḥ, je vois le prince Tapaṅ, je cherche le prince Tu-Bhak.

Oui! Oui! J'entre dans la nuit; je vois en rêve l'éléphant Kók Rak (à tête de démon), je vois le prince Tu-Bhak, je cherche le prince Takuḥ (Rat).

Oui! Oui! J'entre dans la nuit; je vois en rêve l'éléphant Kók Bjuḥ (à tête de crocodile), je vois le prince Takuḥ, je cherche le prince Tapaṅ.

Sur trente-sept barques je vais chercher du bois de Campā [bois d'aigle] à planté.

Sur trente-deux barques je vais chercher l'eau ruisselante de Campā.

J'ai pris un bouquet de fleurs afin d'éloigner les Chinois qui viendraient voler [le bois d'aigle]. J'ai récité des paroles magiques et j'ai fait trouver du bois d'aigle aux chercheurs.

Mais voici, ceux qui sont près de moi se sont enfuis : de trois mois ils ne trouveront pas de bois [d'aigle].

Que l'on récite des paroles magiques, que les hommes soient invités à venir avec des jarres...

Je m'éveille, et je cherche à savoir pourquoi je suis entouré d'une grande foule...

Texte du Chapitre des Abstinences des Prêtres

☙ Nī doṅ köp dī ahar baṅ | lan[2] | bikal ralóv möjā çóṅ liçun akaṃ ||

---

1. La traduction de ce texte a été faite d'après les explications d'un kadhar, mais je ne puis la donner pour certaine, surtout en ce qui concerne les cinq derniers versets.
2. lan *pour* bulan *ou* balan « mois, lune ».

lan 2 bĭkal dī lipāy çóṅ mönuk ||

lan 3 bikal kutrău ||

lan 4 bikal lithun rayā ||

lan 5 bikal dī mönök çóṅ ralóv ||

lan 6 bikal dī ṅaṃ bakjak ||

lan 7 bikal dī ṅaṃ katvön çóṅ jer ḥanī ||

lan 8 bikal di rĭyā ||

lan 9 arioṅ çóṅ ṅaṃ habëi [1] ||

lan 10 bikal dī tabău ||

lan 11 bikal dī kurā çóṅ dupā ||

lan 12 bikal dī akan krvak |||

| kuyā ḅaṅ dī balan nan kuraṅ ayuḥ ṣak lō ||

☒ Ni çī mölëi ahar ḅaṅ plaiḥ dī harëi | 1 | jvai harëi jvai ||
çóṅ lāhā hadaṅ thruṅ hadăuv jvai ||

21 jvai ḅaṅ pabaiy juk balaṅ ljan jvai ||
çóṅ mönuk ak jvai çóṅ mönuk balok jvai ||

3 | jvai ḅaṅ ahar mörjaḥ bar jvai ||

4 | jvai ḅaṅ ahar hataṃ bar jvai ||

5 | jvai ḅaṅ töpāy çóṅ mönuk balok jvai ||

6 | jvai ḅaṅ mönuk baṅŏ çóṅ kurā ṅan jer hanī jvai ||

7 | [jvai] ḅaṅ limuṅ çóṅ jiṅ ṅan ikan bakjak ||

| yaḥ köp doṃ harëi nan çjaṃ haröḥ |||

| mönöṅ nī köp dī uraṅ hakik rvak nan rĕi ' |||

Traduction du Chapitre des Abstinences des Prêtres.

I. S'abstenir de manger les mets suivants :

1ᵉʳ mois. Pas de chair de loutre à l'échalotte.

2ᵉ mois. Pas de lièvre et de poule.

3ᵉ mois. Pas de pigeon.

4ᵉ mois. Ni échalotte, ni gingembre.

5° mois. Aucun mélange d'huile et de chair.

1. Corr. habĕi.

6ᵉ mois. Pas d'herbe *bakjak*[1].

7ᵉ mois. Pas d'herbe *katvŏn*[2] mêlée à du miel.

8ᵉ mois. Pas de gingembre.

9ᵉ mois. Pas de crabes aux patates.

10ᵉ mois. Pas de canne à sucre.

11ᵉ mois. Ni tortue ni *hakan*[3].

12ᵉ mois. Pas de poisson *krvak*[4].

Manger les aliments [défendus] pendant ces mois abrège notablement la vie.

II

Ce chapitre énumère les mets qu'on doit éviter de manger les jours [de la semaine] :

1ᵉʳ S'abstenir de ragoût et de hachis de poisson cru aux crevettes.

2ᵉ S'abstenir de chèvre noire au ventre tacheté, de poule noir-corbeau et de poule cendrée.

3ᵉ S'abstenir de mets de couleur rouge.

4ᵉ S'abstenir de mets de couleur sombre.

5ᵉ S'abstenir de lièvre et de poule cendrée.

6ᵉ S'abstenir de poule tachetée, de viande de tortue et de miel.

7ᵉ S'abstenir d'anguille, de lamproie et de poisson *bakjak*[5].

Il faut strictement s'abstenir des mets [ci-dessus] aux jours dits. Mais les uns et les autres devront être évités en tout temps par ceux qui souffrent de douleurs aiguës.

1. *Phyllanthus species* (Euphorbiacées).
2. *Arum esculentum* (Aroïdées-Aracées).
3. *Silure clarias* (Malacoptérygiens abdominaux). Poisson d'eau douce à peau nue, comestible.
4. *Annabas sennal* (Acanthoptérigiens). Poisson d'eau douce comestible.
5. Poisson du genre *Orphie* que l'on ne trouve qu'après les inondations, au dire des indigènes.

BIBLIOGRAPHIE

Actes du XIᵉ Congrès international des Orientalistes. — *Paris*, 1897.
2ᵉ section : Langues et archéologie de l'Extrême-Orient. — *Paris*,
Imp. nationale, 1898, in-8.

Annales annamites.

Annales cambodgiennes.

Annales chinoises

AYMONIER (Étienne). Les Chams. (*Revue d'Ethnographie*, t. IV; p. 158-
160.)

— Dictionnaire français-cambodgien, précédé d'une Notice sur le
Cambodge... — *Saïgon, Imp. nationale*, 1874, in-4.

— Grammaire de la langue chame... — *Saïgon, Imp. coloniale*,
1889, in-8.

— History (The) of Tchampa... (*Publications of the ninth International Congress of Orientalists. London*, 1891 ; *Londres*, 1893, in-8).

— Inscription (Une) tchame... (*Excursions et Reconnaissances*, nᵒ X.)

— Légendes historiques des Chames. (*Excursions et Reconnaissances*, XIV.)

— Lettre de M. Aymonier sur son voyage au Binh Thuân... — *Saïgon*,
Imp. coloniale, 1885, in-8.

— Notes sur l'Annam : I. Le Bình Thuận. II. Le Kành Hòa. (*Excursions et Reconnaissances*, nᵒˢ 24 et 26.)

— Première étude sur les inscriptions tchames. (*Journal Asiatique*,
janv.-fév. 1891.)

— Recherches et mélanges sur les Chams et les Khmers... — *Saïgon*,
Imp. du gouvernement, 1881, in-8, et *Excursions et Reconnaissances* nᵒ 8.

— Les Tchames et leurs religions. — *Paris, Leroux*, 1891, in-8.

AZÉMAR (H.). Dictionnaire stieng... fait à Broloʼm en 1865. — *Saïgon*,
Imp. coloniale, 1887, in-8.

BARBOSA (Duarte). A description of the coasts of East Africa and Mala-
bar in the beginning of the sixteenth century... Translated from
an early Spanish manuscript... with notes and a preface, by the

hon. Henry E. J. Stanley. — *London, the Hakluyt Society,* 1866, in-8, xi-233 p. et fac-similés.

BASTIAN (Dr Adolf). Die Geschichte der Indochinesen... — *Leipzig, O. Wigand,* 1866, in-8. [Forme le tome Ier de : Die Völker des Oestlichen Asien...]

— Remarks on the Indo-Chinese alphabets... (*Journal of the Royal Asiatic Society,* 1868, new series, t. III, p. 65.)

BERGAIGNE (Abel). Indications générales sur le contenu des inscriptions de Campâ... (*Comptes rendus de l'Académie des Inscriptions,* 1885, p. 356-357 ; 1887, p. 305.)

— Inscriptions sanscrites de Campâ et du Cambodge. Tiré des Notices et Extraits des Mss. de la Bibliothèque nationale... t. XXVII, 1re partie, 2e fasc. — *Paris, Imp. nationale,* 1894, in-4 et 1 atlas in-fol.

— L'ancien Royaume de Campâ dans l'Indo-Chine, d'après les inscriptions... Extrait du « Journal Asiatique ». — *Paris, Imp. nationale,* 1888, in-8.

— Les Inscriptions sanscrites de Cambodge... (*Journal Asiatique,* août-sept. 1882, 7e série, XX, p. 164.)

BLUMENTRITT (Ferdinand). Der Ahnencultus und die religiösen Anschauungen der Maleien des Philippinens-Archipels. (*Mittheil. der k. k. geogr. Gesellschaft in Wien.* Nouvelle série, 25e vol., n°s 2 et 3, 1882.)

BOUILLEVAUX (L'abbé C.-E.). L'Annam et le Cambodge, p. 234 et *passim.* (*Annales de l'Extrême-Orient, id.,* sept. 1880, p. 79 ; avril 1881, p. 234, 304 et *passim.*)

— Le Ciampa. (*Annales de l'Extrême-Orient,* sept. et oct. 1880, p. 77 et 79 ; avril 1881, p. 303.)

— Voyage dans l'Indo-Chine, 1848-1856. Avec carte du Cambodge... — *Paris, V. Palmé,* 1858, in-18.

BRIÈRE. Notice sur les Moïs du Bình Thuân et du Kành Hòa. (*Excursions et Reconnaissances,* n° 32.)

Bulletin de l'École française d'Extrême-Orient. Revue philologique paraissant tous les trois mois. 1re année. — *Hanoï, F.-H. Schneider,* 1900, in-8.

BURNELL (A. C.). Elements of South Indian palæography, from the fourth to the seventeenth century a. D... 2nd edition. — *London, Trübner,* 1878, in-4, (Voir surtout la pl. XIII.)

CABATON (Antoine). Rapport sur les littératures cambodgienne et chame. — *Paris, A. Picard,* 1901, in-8. (*Académie des Inscriptions et Belles-Lettres. Comptes-rendus des séances de l'année* 1901.)

CALAND (Dr W.). Altindischer Ahnencult. Das Çrâddha nach verschiedenen Schulen... — *Leiden,* 1893, in-8.

Caland (Dr W.). Die altindischen Todten- und Bestattungsgebräuche...
Amsterdam, 1896, in-8. (Verhandelingen der K. Akademie van
Wetenschappen, section littéraire, I, 6.)

Camoens (Luis de). Os Lusiadas, poema epico... nova edição... (X, 125.)
— Paris, F. Didot, 1817, in-4.

Carné (Louis de). Voyage en Indo-Chine... — Paris, Dentu, 1872,
in-18.

Chéon et Mougeot. Essai de dictionnaire de la langue Chrâu (dialecte
Moï). — Saïgon, 1871, in-8.

Cochinchine française. Excursions et Reconnaissances. — Saïgon et
Hanoï, Impr. coloniale, 1879-1890. 33 fascicules formant 15 vol. in-8.

Codrington (R. H.). The Melanesians. — Oxford, 1891, in-8.

Combes (Le P.). Lettre... à MM. les Directeurs des Missions Étrangères. (Annales de la Propagation de la Foi, 1854.)

Coussot et Ruel. Douze mois chez les sauvages du Laos. — Paris,
1898, in-8. (Vocabulaire.)

Crawfurd (John). Grammar and dictionary of the Malay language.
— Londres, Smith, Edler and Co. , 1852, 2 vol. in-8. [Vocabulaire
de 81 mots fournis par un marchand cham de Singapore à l'auteur. Il en compare quelques uns à leurs correspondants malais
dans l'introduction intitulée : On the affinities of Malayan languages (p. cxxix).]

Dalrymple. Oriental repertory, published in four numbers from april
1791 to january 1893... — London, P. Elmfly (s. d.,) 2 vol. in-fol.
— Oriental repertory. Published at the charge of the East-India
Company... — London, 1808, 2 vol. in-fol.

Deniker (J.). Les Races et les Peuples de la terre, éléments d'anthropologie et d'ethnographie... — Paris, Schleicher frères, 1900, in-16.

Doudart de Lagrée. Explorations et missions... Extraits de ses manuscrits, mis en ordre par M. A.-B. de Villemereuil... (Décembre
1883). — Paris, J. Tremblay, 1883, in-4.
— Voyage d'exploration en Indo-Chine, effectué pendant les années
1866, 1867 et 1868... Publié sous la direction de M. Francis
Garnier, avec le concours de M. Delaporte,... et de MM. Joubert et
Thorel... — Paris, Hachette, 1873, 2 vol. de texte gr. in-4, et
l'atlas en 1 vol. in-fol.

Dourisboure (P. X.). Dictionnaire bahnar-français. — Hongkong,
impr. de la Société des Missions Étrangères, 1889, in-16.
— Les sauvages Ba-Hnars... 3e éd. — Paris, Téqui, 1894, in-12.

Dubois de Jancigny. L'Univers pittoresque. Japon, Indo-Chine, Empire
birman (ou Ava), Siam, Annam (ou Cochinchine), Péninsule malaise, etc., Ceylan. — Paris, Didot (1850), in-8.

Encyclopædia Britannica... 9ᵉ éd. — *Londres*, 1888.

ESTRADE (Dʳ). Dictionnaire et guide franco-laotiens. — *Toulouse, imp. de G. Berthoumieu*, 1895, in-8.

FINOT (Louis). École française d'Extrême Orient (Mission archéologique d'Indo-Chine). Rapport à M. le Gouverneur général sur les travaux de la Mission archéologique d'Indo-Chine pendant l'année 1899 (Hanoï, le 1ᵉʳ février 1900). — *Saïgon, Impr. coloniale*, in-4.

LUNET DE LA JONQUIÈRE (E.). Inventaire sommaire des Monuments chams de l'Annam. — *Hanoï*, 1900, in-4.

— La Religion des Chams d'après les monuments. (*Bulletin de l'École française d'Extrême Orient*, t. Iᵉʳ, nº 1.)

FORBES (Capt. C. J. F. S.). On the Connexion of the Mons of Pegu with the Koles of Central India. (*The Journal of the Royal Asiatic Society.* — *Londres*, déc. 1877, vol. X, part. I, p. 234-243.)

FRAZER (J. G.). The Golden Bough. A Study in magic and religion, 2ᵉ éd. — *Londres, Macmillan et Cᵒ*, 1900, 3 vol. in-8.

GARNIER (Francis). Voyage d'Exploration en Indo-Chine... *Voy.* Doudard de Lagrée.

GAUBIL (Le P.) Notice historique sur la Cochinchine *in* Lettres édifiantes et curieuses insérées dans le t. XIII de l'ouvrage suivant : MAILLA (Le P. Joseph-Anne-Marie de Moyriac de). Histoire générale de la Chine, ou Annales de cet empire... publiées par Le Roux des Hautesrayes... *Paris, Pierres*, 1777-1785, 13 vol. in-4, et 1 atlas gr. in-fol.

GRANJEAN (Le P. Damien). Un peuple mourant dans l'Annam. Les Cham et leurs superstitions. (*Missions catholiques*, XXVIII, p. 5-10; 21-3, 34-6; 45-7, 58, 69-71; 81-3, 93-5; 105-7; 117-9.)

GUIGNES (De). Histoire générale des Huns... — *Paris, Desaint et Saillant*, 1756-1758, 4 tomes en 5 vol. in-4. [Contient une liste des rois du Tchen-Tching ou Campâ.]

HAMY (E.-T.). Note sur les travaux de M. Janneau, relatifs à l'anthropologie du Cambodge. (*Bulletin de la Société d'Anthropologie de Paris*, 1872.)

— La Province de Sambôc-Sambor et l'immigration des Piaks. (*Nature*, 1877, p. 230-234.)

— Sur les Penongs Piâks... Chams ou Tsiampas. (*Bulletin de la Société d'Anthropologie de Paris*, 1877, t. XII, 2ᵉ série, p. 532.)

HARMAND (Dʳ J.). Les Races indo-chinoises. (*Mémoires de la Société d'Anthropologie de Paris*, 1875-1882, tome II, 2ᵉ série, pp. 314-368.)

HARTMANN (Martin). Der islamische Orient. — *Berlin, Wolf Peiser*, 1899, in-8.

Himly (K.), (trad. par Chéon). Des langues monosyllabiques du sud de l'Asie. (*Bulletin de la Société des Études indo-chinoises*, 1886-1887, p. 43-69.)

Himly (K.). Besprechungen... Conférences sur des Contes tjames de Landes, leur traduction, les Contes et Légendes annamites. (*Göttingsche Gelehrte Anzeigen*, 1888, n° 18 et 1889, n° 9.)

— Sprachvergleichende Untersuchung des Wörterschatzes der Tscham-Sprache. (*Sitzungsberichte der philos.-phil. u. histor. Classe der k. b. Akad. d. Wissenschaften en München*, 1890, Heft III.)

Hiouen-Thsang. Histoire de la vie de Hiouen-Thsang et de ses voyages dans l'Inde. suivie de documents et d'éclaircissements géographiques, trad. du chinois par Stanislas Julien. — *Paris, B. Duprat*, 1853-1858. 3 vol. in-8. (A partir du tome II le faux-titre porte : Voyages des Pèlerins bouddhistes.)

Holle (K. F.). Tabel van oud- en nieuw-indische alphabetten. — *Batavia*, 1882, in-4.

Humann (R.). Vocabulaire tjame-français... — *Saïgon* (1886?), in-8. (*Autographié.*)

Humboldt (Wilhelm von). Ueber die Kawi-Sprache... — *Berlin*, 1836, 2 vol in-4; II, p. 73.

Jacquet. Considérations sur les alphabets des Philippines. — *Paris, Imp. royale*, 1831, in-8 (Extrait du *Journal Asiatique*).

Janneau (G.). OEuvres... réimprimées à l'Imprimerie du Protectorat. — *Phnom-Penh*, 1898, in-fol.

— Manuel pratique de la langue cambodgienne. *Saïgon*, 1870.

Jordanus (Frère). Mirabilia descripta, p. 37. — *London, the Hackluyt Society*, 1863, in-8.

Julien (Stanislas). Notices sur les pays et les peuples étrangers, tirées des géographies et des annales chinoises... (*Journal Asiatique*, août 1847, 4ᵉ série, X, p. 97.)

Keane (A. H). On the Relations of the Indo-Chinese and Inter-Oceanic races and languages. (*The Journal of the Anthropological Institute of Great Britain and Ireland*, 1880, vol. IX, p. 254-289.)

— Trad. par Grémiaux (Charles). Rapports ethnologiques et linguistiques des races Indo-Chinoises et Indo-Pacifiques. (*Annales de l'Extrême Orient, Paris Challamel*, 1882-1883, tome Vᵉ.)

Kern (H). Over de vermenging van Çiwaïsme en Buddhisme op Java naar aanleiding v. h. Oud-Javaansch gedicht Sutasoma. — *Amsterdam*, 1888, 36 p. in-8.

Klaproth (Jules-Henri). Tableaux historiques de l'Asie... — *Paris, Schubart*, 1824-1826, in-4 et 1 atlas in-fol.

Kondracki (E.). Beiträge zur Kenntniss der Aloë und Werthbestimmung ihrer wichtigeren Handelssorten. — *Dorpat*, 1874, in-8.

Kuhn (Ernst). Ueber Herkunft und Sprache der transgangetischen Völker... — *München, im Verlage der k. b. Akademie*, 1883, in-4.

Labussière (A.). Rapport sur les Chams de l'arrondissement de Chaudoc, Cochinchine française. (*Excursions et Reconnaissances*, N° 7 [30 juillet 1880].)

Landes (A). Contes tjames. Texte en caractères tjames... et...lexique... — *Saïgon, Collège des interprètes*, 1886, in-8.

— Contes tjames traduits et annotés... — *Saïgon*, 1887, in-8.

Larclause (De). Une tournée chez les Moïs de la Cochinchine. (*Revue maritime et coloniale*, 1864.)

Lassen (Christian). Indische Alterthumskunde... — *Bonn, Koenig*, 1847-1852, 4 vol. in-8.

Launay (Adrien). Histoire ancienne et moderne de l'Annam, Tong-King et Cochinchine... *Paris, Challamel*, 1884, in-8.

Lavallée (Alfred). Manuscrit d'un travail comparatif des dialectes de l'Indo-Chine.

Leclère (Adhémar). Le conte de Cendrillon chez les Chams. (*Revue des Traditions populaires*, XIII, p. 311-337.)

Le P. Legrand de la Liraye. Notes historiques sur la nation annamite. — *Saïgon*, 1862, in-8.

Lemire (Charles). Les anciens Monuments des Kiams en Annam et au Tonkin. (*L'Anthropologie*, t. III, p. 133-136.)

— Les Arts et les Cultes anciens et modernes de l'Indo-Chine... Monuments des Kiams et des Annamites. (*Bulletin de la Société française des Ingénieurs coloniaux*, n° 21. — *Paris*, 1er trim. 1901.)

— Monuments Kiams de la province de Binh-Đinh (Annam). (*Excursions et Reconnaissances*, XIV, p. 217.)

— Nouvelles observations sur les tours Kiâms de la province de Binh-Dinh. (*Revue d'Ethnographie*, t. VII, p. 215-222.)

— Le Pays des Moïs entre Qui-Nhon et le Mekong. (*Revue d'Ethnographie*, t. VIII, p. 273-284.)

— Les Tours kiames de la province de Binh-Đinh. (*Excursions et Reconnaissances*, XIV, n° 32; *Revue d'Ethnographie*, 1887.)

Lesserteur (L. P.). Note sur les inscriptions trouvées par le P. Frichot (30 mars 1882). (*Revue française de l'étranger et des colonies*, nov. 1885, p. 476.)

— Rituel domestique des funérailles en Annam. — *Paris*, 1885, in-8.

Lévi (Sylvain). La Doctrine du sacrifice dans les Brâhmanas. — *Paris, E. Leroux*, 1898, in-8.

Leyden (Dr John). Malay Annals... — *Londres, Longman*, 1821, in-8.

Loureiro (João de). Flora cochinchinensis. — *Berlin*, 1793, 2 vol. in-8.

Marco Polo. Le livre de Marco Polo... publié... par M. G. Pauthier. — *Paris, Firmin Didot*, 1865, in-8.

— The Book of ser Marco Polo the Venetian, concerning the Kingdoms and Marvels of the East; newly translated and edited, with notes, by Colonel Henry Yule... — *Londres, Murray*, 1871, 2 vol. in-8.

Marre (Aristide). Madjapahit et le Tchampa. (*Publication du Centenaire de l'École des Langues orientales et Muséon*, XIV, p. 342-51.)

Mason (Francis). The Talaing Language. (*Journal of the American Oriental Society.* — *New-York*, 1854, vol. IV, pp. 277-289.) [Vocabulaire comparé du talaing (ou môn) et du kole].

Matthes (B. F.). Einige Eigenthümlichkeiten in den Festen und Gewohneiten der Makassaren und Buginen. (6ᵉ *Congrès des Orientalistes*, 4ᵉ partie. — *Leide*, 1885, p. 287.)

Miche (Mgr.)... Les Chams, anciens habitants du royaume de Ciampa... Lettre de Mgr. Miche sur les évènements du Cambodge... (*Annales de l'Associaton de la Propagation de la Foi*, t. XXXV, 1863, CCCVᵉ lettre, p. 403.)

Mission Pavie. Indo-Chine. 1879-1895. Études diverses. — *Paris, Leroux*, 1898, 2 vol. in-4.

[Monthyon (De)]. Exposé statistique du Tunkin, de la Cochinchine, du Cambodge, du Tsiampa, du Laos, du Lac-Tho, par M. N (de Monthyon) sur la relation de M. de la Bissachère... — *Londres, Dulau*, 1811, 2 t. en 1 vol. in-8.

Morice (Dr Albert). Sur l'Anthropologie de l'Indo-Chine... — *Paris, imp. de Hennuyer*, 1875, in-8. (Extrait des *Bulletins de la Société d'Anthropologie de Paris*, séance du 18 février.)

— Les Tiams et les Stiengs. (*Revue de linguistique et de philologie*, publiée par Girard de Rialle. — *Paris, Maisonneuve*, 1874, t. VII, p. 347.)

— Voyage en Cochinchine. — *Lyon*, 1876, in-8.

Mouhot (Henri). Voyage dans les royaumes de Siam, de Cambodge, de Laos et autres parties centrales de l'Indo-Chine... — *Paris, Hachette et Cⁱᵉ*, 1872, in-16; et *Tour du Monde*, 1863.

Moura (J.). Le royaume du Cambodge. — *Paris, Leroux*, 1883, 2 vol. in-8. [Contient un alphabet et quelques lignes d'écriture chams.]

Murray (Hugh). Historical Account of Discoveries and Travels in Asia from the earliest ages to the present times. — *Edimburgh*, 1820, 3 vol. in-8.

Navelle (E.). De Thi-nai au Bla. (*Excursions et Reconnaissances*, XIII, nᵒˢ 29 et 30.)

MARRE (Aristide). Quelques Mots d'information sur le *Sadjarah Malayou*. (*Muséon*, nouv. série, vol. I, n° 34, 1900.)

NEÏS (D*). Exploration du Laos et du Haut-Mekong, du Cambodge à Luang-Prabang... — *Lorient, L. Chamaillard*, 1884, in-8. (Société bretonne de géographie. Extrait du Bulletin de janvier-février 1884.)

— SEPTFONS (Commandant). Rapport sur un voyage d'exploration aux sources du Dong-Nai (Cochinchine française). (*Excursions et Reconnaissances*, n° 10, 1881. [Vocabulaire cham d'une soixantaine de mots, p. 78.])

ODEND'HAL (Prosper). [Rapport sur la Mission de rechercher une voie de pénétration du littoral vers la rivière d'Attopeu. *A la fin se trouve un* Vocabulaire comparé des principaux dialectes des Tribus sauvages de l'Indo-Chine.] — *Hué, le 24 février* 1894, in-4. (Autographié.)

OLDENBERG (Hermann). Die Religion des Veda... — *Berlin, Besser*, 1894, in-8.

ORDOÑEZ DE CEVELLOS. Tratado de las relaciones verdaderas de los reynos de la China, Cochinchina y Champaa. — *Jaen, Pedro de la Cuesta*, 1628, in-4.

PARDO DE TAVERA (T. H.). Contribucion para el estudio de los antiguos. alfabetos filipinos. — *Losana*, 1884, in-8.

PARIS (Camille). Rapport sur une mission archéologique en Annam. (*Bulletin de Géographie historique*, t. II, p. 250-257.)

— Ruines (Les) tjames de la province de Quang-Nam (Tourane). (*L'Anthropologie*, t. III, p. 137-144.)

— Ruines (Les) tjames de Tra-Kéou. (*L'Anthropologie*, t. II, p. 282-288.)

PIERRE (L.) Flore forestière de Cochinchine. — *Paris*, 5 vol. in-fol.

PLANCHON (S.). Détermination des drogues simples d'origine végétale. — *Paris*, 1890, in-8.

PRATÁPACHANDRA GOSHA. Durga Puja. — *Calcutta, printed at the* « Hindoo Patriot » *Press*, 1871, in-12.

RAMUSIO (Gio. Battista). Delle Navigationi et viaggi. (Regno di Campaa ou Ziamba). — *In Venetia, appresso i Giunti*, 1606-1613, 3 vol. in-fol., t. I**, pp. 336, 352, 384; t. III, p. 51.

RASCHID-ELDIN (= Rashiduddin). Histoire des Mongols de la Perse, écrite en persan... publiée, traduite en français... par M. Quatremère... — *Paris, Impr. royale*, 1836, in-fol. (Collection orientale.)

RAY Sydney (H.). The Languages of British New Guinea. (*Transactions of the ninth international Congress of Orientalists*. 1892, vol. II. — *Londres*, 1893, in-8.)

Reinaud (trad.). Relation des voyages faits par les Arabes et les Persans... — *Paris*, 1845, 2 vol. in-8.

Rémusat (Abel). Nouveaux Mélanges asiatiques... — *Paris, Dondey-Dupré*, 1829, 2 vol. in-8.

Reynaud (Alfred). Contribution à l'histoire naturelle de l'homme. Les Tsiams et les sauvages bruns de l'Indo-Chine. Ethnographie et anthropologie... — *Paris, imp. de A. Parent*, 1880, in-16 et *Thèse de médecine*, Paris, 1880, in-4.

Schott. Ueber die sogenanten indo-chinesichen Sprachen, insonderheit das Siamesische. (*Abhandlungen der k. Akademie der Wissenschaften zu Berlin*, 1856. Philos.-histor. Kl., p. 179).

Skeat (W.W.). Some records of Malay magic... — *Singapore*, July 1898, in-8. (*Journal of the Straits Branch of the Royal Asiatic Society*.)

Taranâtha (trad. par Anton Schiefner). Tàranâtha's Geschichte des Buddhismus in India. — *St-Pétersbourg*, 1869, in-8.

Trương Vĩnh Ký (P.-J.-B). Cours d'histoire annamite. — *Saïgon, Impr. du gouvernement*, 1875-1879, 2 vol. in-16.

Valentijn (François). Oud en Nieuw Oost-Indien... — *Dordrecht et Amsterdam*, 1724-1726. 5 vol. en 8 tomes in-fol.

Villaume (Le P. Louis). Un Souvenir de la persécution dans la mission de la Cochinchine orientale. — *Paris, imp. de S. Picquin*, 1889, in-8.

Yule (Henry), Burnell (Arthur Coke). Hobson-Jobson : being a glossary of Anglo-Indian colloquial words and phrases... — *Londres, J. Murray*, 1886, in-8.

Yule (Colonel). Notes on analogies of manners between the Indo-Chinese races and the races of the Indian Archipelago. (*The Journal of the Anthropological Institute of Great Britain and Ireland*, 1880, vol. IX, pp. 290-304.)

— Notes on the oldest Records of the sea-route to China from Western Asia. (*Proceedings of the Royal Geographical Society and Monthly Record of Geography*, nov. 1882, p. 8 et 9 du tirage à part.)

Zaborowski. Origine des Cambodgiens, Tsiams, Moïs, Dravidiens, Cambodgiens. (*Bulletin de la Société d'Anthropologie de Paris*, 1887, p 38-59.)

— Populations de l'Indo-Chine. Les Tsiams. Origine et caractères. (*Revue Rose* [*R. Scientifique*], série IV, t. III, p. 289-296.)

INDICES

I. INDEX DES MOTS SANSCRITS[1]

akṣara [*pāli* : akkhara], 90.
agaru, 50.
aguru, 50.
agrya, 124.
anusvāra, 71.
āgneya, 69.
āditya, 18, 69.
aiçana, 69.
uttara, 69, 123.
udgātar, 23.
upādhyāya, 22.
upāsaka, °sika, 22.
uragarāja, 125.
indram, °yāya, 129.
īçāna, 124.
oṣadhipati, 169.
oṣadhiça, 169.
kapāla, 123.
karmakara, 130.
kalaça, 58.
kāma, 127.
kārya, 123.
kāryasiddhi, 165.
kāça, 59.
kīrti, 130.
kukuradru, 169.
kulika, 130.

kuvera, 126.
kuça, 8.
koça, 57.
kṣatriya, 131.
grāma, °mam, 127, 130.
guru, 126.
gṛha, 125.
candra, 130.
campā, 1.
campāpura, 1.
jalaṅgeça, 168.
jaya, 123.
jāti, 4.
jvāla, °lāya, 15, 129.
tatpuruṣam, 129.
tu, 128.
trailokebhyaḥ, 130.
dakṣiṇa, 69, 123.
dakṣiṇāpatha, 2.
daṇḍa, 171.
darī, 20.
darbha, 59.
dāna, 128.
dānava, 130.
deva, 130.
devatā, 19, 123.
devanāgarī, 96.

1. Les chiffres renvoient aux pages.

II. INDEX ANALYTIQUE

ADDITIONS ET CORRECTIONS

P. 2, note 1, *au lieu de* Chantaboum, *lire* Chantaboun.

P. 7, note 2, *après* Vossische Zeitung, *ajouter* Correspondance.

P. 15. (DIVINITÉS MASCULINES. On peut s'étonner tout d'abord de voir que Pô Rāmē et Pô Kloñ Garai, deux grands dieux chams, ne figurent pas dans la liste des divinités masculines. J'ai respecté cette omission, due, ainsi que bien d'autres, au manque de sens critique des prêtres chams, par pur désir de rendre fidèlement leurs récits.)

P. 22, l. 6, *après* °sikā); *ajouter* Ce mot, et le khmer bachăy, viennent plutôt du sanscrit upajjhāya. Le siamois basika est le sanscrit upāsikā. Quant à Pô adhia (transcrit plus tard adhja), ce n'est peut-être tout simplement que le sanscrit ādja « celui qui est en tête, le premier ».

P. 23, l. 15. (Kadhar ou kathar pourrait encore être tiré du sanscrit gandharva « musicien céleste » : kadhar = ga[n]dhar[va]. La chute de la nasale expliquerait l'aspirée.)

P. 44, note 1, *placer le chiffre* (4) *devant* Baranöñ.

P. 51, *à la fin de l'article* BOIS D'AIGLE, *ajouter* La plus grande obscurité règne encore sur l'origine du bois d'aigle. Il est bien établi cependant qu'à la suite de troubles dans leur nutrition, les arbres énumérés ci-dessus et quelques autres, peuvent produire cette substance aromatique. Le bois d'aigle porte en chinois le nom de chia-ch'ên-hsiang et en annamite celui de trâm hương, représentés tous deux par les caractères 沉 香. L'annamite kì nam, qui désigne un bois d'aigle veiné de noir (khmer : krĕsna), a probablement donné naissance au *kilam*, bois de *kilam* ou d'aloès des anciens botanistes. Les Malais

appellent le bois d'aigle kayū gahru « bois de gahru ». C'est
de ce dernier mot qu'a été tiré le terme *garo* (= garoo,
garroo, garrow), nom d'une variété de bois d'aigle décrite par
Rumphius.

P. 55. (La figure représente un Baganrac au 6ᵉ d'exécution. Noter que cet instrument a parfois la forme d'un violon.)

P. 56, l. 30. (Comparez les *Baps* ou cuillers à libations [nᵒ 9 de
la fig. 10 et la fig. 11], avec le *koça* kindou, *in* Durgā pūjā,
p. XXII.)

P, 57, l. 4, *supprimer* Koça hindou.

P. 58, 8ᵒ, *ajouter* Le kalaiḥ s'appelle encore galaṣ.

P. 61, *à la fin de l'article* USTENSILES DU CULTE, *ajouter* Les rois
chams portaient à la cérémonie de leur sacre une mitre à trois
pendentifs, l'agal baḥ kaṃ, ou agal pabaḥ kay, en drap brodé
d'or et rehaussé de pierres précieuses. Ils tenaient dans la
main droite, pendant cette cérémonie, un faisceau de plumes
d'argus (*Rheinarius ocellatus*) et de paon, nommé balâ pō ;
dans la main gauche une espèce de sceptre, en forme de maillet
nommé tarobōñ, sorte de tambour double à manche, recouvert de peau de serpent, portant, suspendues une de chaque
côté, deux pièces de plomb de forme allongée servant à faire
résonner l'instrument quand on l'agitait.

P. 62, l. 14, *au lieu de* namaç, *lire* namaḥ.

P. 64, l. 2, *après* constituent, *ajouter*, parmi les Indo-Chinois,.

P. 77, l. 5, *au lieu de* padĕi, *lire* pādĕi.

P. 79, l. 5, *au lieu de* mönïiṃ, *lire* mönjiṃ.

P. 94, l. 14, *au lieu de* akhlar, *lire* akhar.

P. 102, l. 3, *au lieu de* Ganvöi, *lire* Ganvör.

P. 113. (A propos du sang qui coule de l'arbre *kraik*, cf. A. de
Gubernatis, *Mythologie des Plantes*, Paris, Reinwald, 1878, 8ᵒ,
t. 1ᵉʳ, p. 284. Voir aussi : *Enéide*, III, 27 et *Métamorph.*, 11,
358.)

P. 125, l. 11, *au lieu de* crī, *lire* çrī.

P. 143, l. 31, *au lieu de* naamḥ, *lire* namaḥ.

P. 149, l. 4, *reporter la seconde parenthèse à la fin de la ligne.*

P. 153, l. 29, *au lieu de* détors, *lire* détords.

P. 154, l. 7. (Sur le geste de piler, Cf. Aymonier, *Les Tchames et leurs religions*, culte de Pô-Yang-Dari, p. 57.)

P. 166, note 1. (Tamrak signifie encore plomb en cham ; c'est sans doute, par changement de sens, le même mot que le *skt.* tamra « cuivre ».)

P. 185, l. 29, *au lieu de* Broʼlom, *lire* Broʼlâm.

P. 188, l. 10, *rétablir ainsi l'article bibliographique :*

Finot (Louis). École française d'Extrême-Orient. Rapport, etc.
— La Religion des Chams d'après les monuments, etc.
— et Lunet de Lajonquière (E.). Inventaire sommaire, etc.

P. 189, l. 4, *au lieu de* Conférences, *lire* Causeries.

P. 190, l. 35, *en tête de l'article* Lesserteur (Le P.), *placer* Inscriptions Qhiames de l'ancien Ciampa. (*Bulletin de la Société académique indo-chinoise*, 2ᵉ série, t. II, 1883-1885.)

TABLE DES MATIÈRES

—

ANGERS. — IMPRIMERIE A. BURDIN ET Cⁱᵉ, 4, RUE GARNIER.

ADDITIONS ET CORRECTIONS

P. 2, note 1, *au lieu de* Chantaboum, *lire* Chantaboun.

P. 7, note 2, *après* Vossische Zeitung, *ajouter* Correspondance.

P. 15. (Divinités masculines. On peut s'étonner tout d'abord de voir que Pô Rāmē et Pô Kloṅ Garai, deux grands dieux chams, ne figurent pas dans la liste des divinités masculines. J'ai respecté cette omission, due, ainsi que bien d'autres, au manque de sens critique des prêtres chams, par pur désir de rendre fidèlement leurs récits.)

P. 22, l. 6, *après* °sikā); *ajouter* Ce mot, et le khmer bachãy, viennent plutôt du pâli upajjhāya. Le siamois basika est le sanscrit upāsikā. Quant à Pô adhia (transcrit plus tard adhja), ce n'est peut-être tout simplement que le sanscrit ādya « celui qui est en tête, le premier ».

P. 23, l. 15. (Kadhar ou kathar pourrait encore être tiré du sanscrit gandharva « musicien céleste » : kadhar = ga[n]dhar[va].

P. 44, note 1, *placer le chiffre* (4) *devant* Baranöṅ.

P. 51, *à la fin de l'article* Bois d'aigle, *ajouter* La plus grande obscurité règne encore sur l'origine du bois d'aigle. Il est bien établi cependant qu'à la suite de troubles dans leur nutrition, les arbres énumérés ci-dessus et quelques autres, peuvent produire cette substance aromatique. Le bois d'aigle porte en chinois le nom de chia-ch'ên-hsiang et en annamite celui de trầm hương, représentés tous deux par les caractères 沉香. L'annamite kì nam, qui désigne un bois d'aigle veiné de noir (khmer : krĕsna), a probablement donné naissance au *kilam*, bois de *kilam* ou d'aloès des anciens botanistes. Les Malais

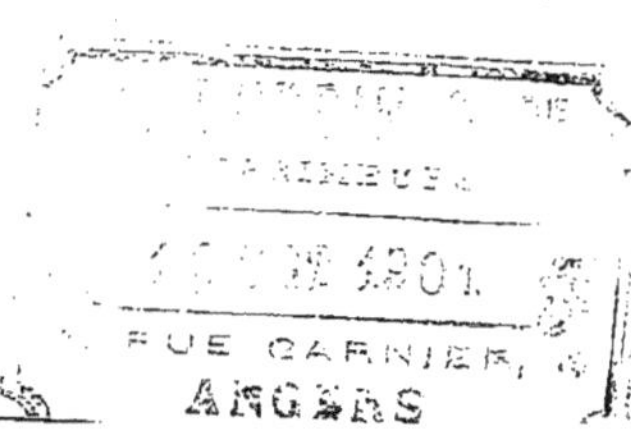

appellent le bois d'aigle kayū gahru « bois de gahru ». C'est de ce dernier mot qu'a été tiré le terme *garo* (= garoo, garroo, garrow), nom d'une variété de bois d'aigle décrite par Rumphius.

P. 55. (La figure représente un Baganrac au 6ᵉ d'exécution. Noter que cet instrument a parfois la forme d'un violon.)

P. 56, l. 30. (Comparez les *Baps* ou cuillers à libations [nº 9 de la fig. 10 et la fig. 11], avec le *koça* hindou, *in* Durgā-pūjā, p. xxii.)

P. 57, 1/4, *supprimer* Koça hindou.

P. 58, 8°, *ajouter* Le kalaiḥ s'appelle encore galaṣ.

P. 61, *à la fin de l'article* USTENSILES DU CULTE, *ajouter* Les rois chams portaient à la cérémonie de leur sacre une mitre à trois pendentifs, l'agal baḥ kaṃ, ou agal pabaḥ kay, en drap brodé d'or et rehaussé de pierres précieuses. Ils tenaient dans la main droite, pendant cette cérémonie, un faisceau de plumes d'argus (*Rheinartus ocellatus*) et de paon, nommé bală pō̄ ; dans la main gauche une espèce de sceptre, en forme de maillet nommé taröbön, sorte de tambour double à manche, recouvert de peau de serpent, portant, suspendues une de chaque côté, deux pièces de plomb de forme allongée servant à faire résonner l'instrument quand on l'agitait.

P. 62, l. 14, *au lieu de* namaç, *lire* namaḥ.

P. 64, l. 2, *après* constituent, *ajouter*, parmi les Indo-Chinois,.

P. 77, l. 5, *au lieu de* ṗadĕi, *lire* p̄adĕi.

P. 79, l. 5, *au lieu de* möñiṃ, *lire* möñjiṃ.

P. 94, l. 14, *au lieu de* akhlar, *lire* akhar.

P. 102, l. 3, *au lieu de* Ganvöi, *lire* Ganvör.

P. 113. (A propos du sang qui coule de l'arbre *kraik*, cf. A. de Gubernatis, *Mythologie des Plantes*, Paris, Reinwald, 1878, 8°, t. Iᵉʳ, p. 284. Voir aussi : *Énéide*, III, 27 et *Métamorph.*, II, 358.)

P. 125, l. 11, *au lieu de* crī, *lire* çrī.

P. 143, l. 31, *au lieu de* naamḥ, *lire* namaḥ.

P. 149, l. 4, *reporter la seconde parenthèse à la fin de la ligne.*

9 août